新农村农业技术培训系列丛书

农民子女教育手册

王荣菊　孙建国　编著

科学普及出版社

·北　京·

图书在版编目(CIP)数据

农民子女教育手册/王荣菊,孙建国编著. —北京:科学普及出版社,2012.2

(新农村农业技术培训系列丛书)

ISBN 978-7-110-07686-6

Ⅰ.①农… Ⅱ.①王… ②孙… Ⅲ.①农村-家庭教育-手册 Ⅳ.①G78-62

中国版本图书馆 CIP 数据核字(2012)第 027820 号

责任编辑 鲍黎钧 康晓路
封面设计 鲍 萌
责任校对 赵丽英
责任印制 张建农

出版发行 科学普及出版社
地　　址 北京市海淀区中关村南大街 16 号
邮　　编 100081
发行电话 010-62173865
传　　真 010-62179148
投稿电话 010-62176522
网　　址 http://www.cspbooks.com.cn

开　　本 850mm×1168mm 1/32
字　　数 68 千字
印　　张 3.375
印　　数 1—4000 册
版　　次 2012 年 2 月第 1 版
印　　次 2012 年 2 月第 1 次印刷
印　　刷 河北省涿州市京南印刷厂

书　　号 ISBN 978-7-110-07686-6/S·491
定　　价 11.00 元

前　言

教育是培养新一代准备从事社会生活的整个过程,也是人类社会生产经验得以继承发扬的关键环节。伴随着30年改革开放的深入,中国农村建设取得了丰硕成果。当前,我国的社会主义新农村建设正在健康、有序地进行着,农村子女教育也随之蓬勃发展,日益受到人们的重视。为此,我们编写了《农民子女教育手册》。

本书共分七章,主要内容包括:知识就是力量、教育要从小抓起、家庭教育与学校教育、农村子女教育的常见问题、留守儿童的教育、流动儿童教育、农村子女教育误区。内容阐述清楚,深入浅出,通俗易懂。本书理论联系实际,是一部集理论性、先进性和实用性为一体的著作。

由于编者的知识水平有限,书中错误和不足在所难免,恳请读者特别是广大农村读者提出批评意见。

编　者

目 录

第一章　知识就是力量

第一节　知识就是力量

有这样一个放羊娃，人们问他："你放羊干吗呀!"他回答道："挣钱!"人们又问："挣钱干吗呀?""娶媳妇!""娶媳妇干吗呀?""生娃!""生娃干吗呀?""放羊!"……问题又绕了回来。放羊娃的命运好像就是上天注定的。可真的是这样的吗?真有"天"、有"命"吗?

一、命运不是天注定

在湘西，有两个土家族姐妹，肖琴和肖燕云，小学时由于家里贫困，两姐妹只能凭抓阄决定谁继续上学，谁抓到了长的稻草谁就继续读书。妹妹幸运地抓了长的稻草就上了学，而成绩一向优异的姐姐只能辍学回家当农民。后来，妹妹燕云考上了吉首大学，前途光明，而姐姐每天则要种地、放牛、打猪草。一根稻草，就导致了姐妹两人不同的命运。

但两姐妹完全不同的命运是上天注定的吗？显然不是，改变燕云命运的不是稻草，而是教育，是她所获得的知识。姐姐由于没有机会学习，就只好继续在农村过苦日子。妹妹因为有了受教育、学习知识的机会，改变了自己的命运。这样的例子还有很多，如李嘉诚、齐白石等都是靠学习知识才取得后来的成就的。因此，人的命运不是注定了的，对农村的孩子来讲，要想改变自己的命运就一定要学习、要读书，只有知识才能改变自己的生活。我们衷心希望肖琴有机会再学习点知识，或者学习一门技术。有了知识和技术，即使留在农村也能干出一番事业来，否则就可能像放羊娃一样，继续着“放羊—生娃—放羊”的生活轮回。

二、农村娃成就梦想

黄荣辉出生在福建省惠安县一个非常穷苦的农民家庭，上学时，由于生活十分困难，没有钱交伙食费，每星期他必须自己从家中挑几十斤白薯和柴草步行约 20 千米到学校，这些白薯和柴草就是他一周的口粮和柴火……然而生活的艰辛不但没有使他退却，反而更激励他勤奋读书，他以优异的成绩考上了北京大学地球物理系。毕业后，在中科院做研究工作，后到日本留学。日本、美国均以高薪聘请他，但均遭拒绝。他说："我是由一个放牛娃成长为一名中科院院士的，我做的一些事情主要是党多年教育的结果，再就是个人的努力。一个人活在世上要有理想，不光是为了谋生"。

多朴实的话啊！一个放牛娃，没有其他的出路，靠发奋读书，刻苦学习，终于成了中国科学院的院士。

克隆技术是世界上高端科学技术之一，成功克隆出美国第一头克隆牛"艾米"的"克隆牛之父"杨向中教授曾这样说，"我在上大学之前，基本上就是在饥饿中度过的……"。杨向中教授出生在河北邯郸一个普通农家，家中有五个兄妹，他排行老二。父母都是普通的农民，尽管家境贫困，他们却省吃俭用，含辛茹苦，把五个孩子全部送入学校。经过多年的努力，两个孩子到美国发展，其他三人在国内也都取得很高的成就。

亲爱的农村父母们，我们应该从黄荣辉、杨向中的经历中得到深刻的启示。他们都成为中国的科研人才，难道我们就不能做得到吗？就像黄荣辉说的一样，只要有了教育，有了自己的努力就一定能够实现自己的梦想，相信您的孩子也能像黄荣辉、杨向中一样，知识使他们摆脱贫困，使他们成就自己的事业，实现命运的转变。正是他们各自的父母，含辛茹苦、长年累月、坚持不懈、教子有方，才让他们的孩子成就了自己的梦想。

三、知识偷不去、抢不走

当我们收割了谷子和小麦时，我们总会担心它们会被雨淋湿或被老鼠偷吃。我们有了钱的时候，也会担心自己的存折会丢或被坏人偷抢去，即使不被偷、不被抢，也会担心有一天自己会花光。于是，我们就拼命地赚钱，使自己能生活得安心。其实，与其拼命赚钱还不如拼命学习，因为只有知识才是我们获得以后别人偷不走、抢不去，也“花”不光的，相反它会越用越多，越用越活，因为你还可以用已有的知识创造出新的知识和财富。

大家都很熟悉“脑白金”这个保健产品，但大家应该记得，在十年前还有一种脑黄金的产品，这两种产品都是由史玉柱先生生产的，但在生产这两种产品的背后还有一段鲜为人知的故事。

1962 年，史玉柱出生在安徽省怀远县，小时候痴迷小人书，成绩很差，成了留级生，结果妈妈把小人书全烧了，他又找来《十万个为什么》看，从此，他迷上了科技知识。初中阶段，他“改邪归正”，努力学习，以怀远县最优异的成绩考上了浙江大学数学系，后来还获得了深圳大学研究生院软科学硕士学位。毕业后他不顾家人的反对下海创业，成立了自己的公司，生产“脑黄金”，成了中国最有钱的人之一。1994 年，他开始筹建 70 层的“巨人大厦”，由于“脑黄金”销量开始下降，一时资金周转不开，“巨人大厦”于 1997 年彻底停工了，他本人还欠下了 3 亿～3.5 亿的债，史玉柱破产后也跟着消失了。

至此，很多人认为史玉柱肯定不会还债了，因为企业没了，史玉柱已经没有责任了。但是，史玉柱并不这么想，他一定要还清债务，还在自己的名片上印上“很快还清债务”6 个字。他消失后在南京躲起来，继续看书给自己充电。3 年后，史玉柱推出新产品脑白金，结果一炮走红，史玉柱又成功了，成了很多人学习的榜样。

是什么原因使他能在企业破产、债务缠身的境况下重新再站起来呢？就是因为史玉柱有知识，有技术，即使是开始败得很惨，他还是相信自己一定能把失去的那些东西赢回来。试想，如果史玉柱没有知识，只是靠点买卖挣了些钱，他破产以后能还清债务，再赚那么多钱吗？因此，我们一定要鼓励孩子多学习知识，只有知识是最可靠的，不管是腰缠万贯还是一文不值，它都不会嫌弃你，它会一直在你的身上，帮助你，鼓励你，直到你获得成功。

第二节　农村子女教育的现状

一、家庭教育观念存在较大偏差

农村家庭子女教育的现状首先是家庭教育观念仍然比较陈旧、落后。这主要表现在家长的养育观、教子观和成才观上。一些家长把孩子视为自己的私有财产，把教育子女的工作当做家庭私事，把教子成才仅仅与孩子个人前途、家庭荣誉、幸福联系在一起，为国教子观念不强，为社会育才的意识淡薄。

二、平时家长对孩子缺乏正确的教育方式，孩子缺乏文化教育氛围

在农村，许多家长自身文化素质不高，又忙于劳动，对孩子的关心很少。他们想让孩子学好，却没有具体的行动，平时对孩子的学习情况很少过问，任其自然发展。农村家长所受的教育少，文化底子薄，无法对子女进行教育和指导。在农村家庭里很少看得见书籍，父母亲平时几乎不看书不读报。近些年农民的住房及经济条件提高很快，但对教育方面投入太少。

三、农村家长与孩子之间缺乏有效的沟通

农村家长缺乏与孩子的交流，缺少对孩子正确的思想教育；同时，有相当一部分家长不能配合教师对孩子进行

教育。父母与孩子心灵的沟通是实施良好的家庭教育的基础。许多家长认为，他们的任务就是提供孩子吃穿，学习教育是学校和老师的事情。

四、家庭教育缺乏一致性

谁都希望自己的孩子前程灿烂辉煌，但在教育中，却产生了一个令人担忧的现象，那就是在教育孩子时，有时是父辈与祖辈，有时是爸爸和妈妈，由于他们的经历不同，心态各异，他们的想法、做法也缺乏一致性，从而使得家庭良好的教育效果也难以实现。

五、放任自流，缺乏正确的诱导

当前，由于经济体制改革的冲击，下岗后经商、外出打工的家长不乏其人，为了经商，有些家长投入了大量时间，忙得饭也顾不上吃，觉也来不及睡；为了生计，有些家长终年在外打工，没有时间来教育孩子。

六、有些家长素质太低，严重影响孩子的健康成长

现实生活中，有一部分家长素质比较低，他们的言行不但没有给孩子以好的示范，反而为孩子的成长道路蒙上了一层阴影。

七、中国农村教育的最大的悲剧，是对教育价值观的认识问题

在农村，人们普遍地把教育看成一种跳龙门的功利行

为，从而忽视了教育本身的价值取向。由于独生子女增加，家长对孩子十分宠爱，有的家长甚至连家务活也不让孩子干。据某校调查统计，有36%的家庭甚至表示：家务劳动不必让孩子干，孩子只要把书读好就行了。殊不知，正是家长的过分宠爱害了孩子。

良好的家庭教育，可以促进学生的健康成长，净化社会风气。对未成年孩子的教育可以直接影响到一个国家在未来的命运，我们一定要重视农村子女的教育问题。

第三节　农村子女教育的基本方法

人的发展是由环境、教育、自身因素等综合作用决定的，而不是由“上帝”、“神”、“命”决定的。

（一）环境对孩子成长的影响

环境分为自然环境、社会环境、家庭环境。自然环境对人的生存状况、生活质量、身体健康起着决定性作用。自然环境恶劣的地方，土地少且贫瘠、地方病多、传染病多，人的健康状况差，寿命短。自然环境好的地方，例如沿海地区交通、电力、文化等基础设施好，投资商愿意去投资，当地人的生活条件、富裕程度普遍好于其他地区。

社会环境，主要指社会的政治、经济、文化、法律、道德等对人的影响。社会环境对人有决定性影响。例如，文化大革命时期，人们举着“红宝书”，唱“忠字歌”，跳

“忠字舞”。现在的孩子们像听神话一样，十分不解他们的父母“怎么那么愚昧可笑”！那时全国都在搞“割资本主义尾巴”的运动，这就不可能产生民营企业家和私人老板。中国改革开放30多年，给老百姓创造了脱贫致富奔小康的社会环境，尤其是建设社会主义新农村的战略决策，为“三农”的发展提供了良好的社会基础，也为农村娃的大有作为提供了前所未有的社会机遇，千百万农民的富裕程度将超过城市工人。

家庭环境是自然环境和社会环境之中最基本的单元，与孩子的成长关系最紧密。家庭环境对孩子成长的影响更直接，更深刻，更长远。俗语讲：“有其父必有其子。”“孩子随根”，这话就一般情况而言是有道理的。父母上学时不爱读书，结婚生子后仍不爱学习，孩子一般也缺乏学习兴趣，不愿受“寒窗苦”。父母离婚造成孩子郁闷、孤独、恐惧，最后与社会上不三不四的人混在一起，最终被劳教的例子已经很多。而家庭在改变贫穷的奋斗气氛、战胜不利自然条件的勇气、对未来家庭建设的目标和信心、对社会事务的关心和思想观念等，对孩子都有潜移默化的影响。那种甘于贫穷，生性懒惰，经常靠酗酒、打麻将、看电视打发日子的家庭，孩子即使是好苗子，也很难成才。俗语说：“兵熊熊一个，将熊熊一窝”，家庭环境不好，耽误的不止是一代人！

（二）教育对孩子成长的影响

教育分为社会教育、学校教育和家庭教育。社会教育主要通过电视、报刊等媒体，以及孩子们所感受到的社会风气、道德风尚、价值观，给孩子心灵打下烙印。农村娃在成长过程中，影响作用更大的是学校教育和家庭教育。

1. 学校教育与农村娃成长的关系

学校教育主要是文化知识的教育，当然也有品德、体育、技能教育。由于农村经济条件差，教师待遇低，师资力量不足，基础设施简陋，加之教育改革是个漫长过程，农村小学、初中、高中，基本上局限于基础知识教育，还未能实施全面的素质教育。农村娃将来有没有出息，很大程度寄希望于学校。好的学校成才率高，差的学校成才率低。在现代社会，没有基础文化知识的人，肯定是不会有出息的。

在传授知识的过程中，凡是从注重理解，注重分析问题、解决问题的学校毕业的孩子，到了社会有作为的就多些。而凡是从单纯追求分数、逼学生死记硬背的学校毕业的学生，到社会后有发展的就少些。如果重视做人的教育，使学生守纪律、懂礼貌、人品好，培养学生良好习惯，孩子将来的发展就顺利一些、快一些。如果学校的教师只管教“数理化”，忽视学生基本素质教育，就会导致学校风气不好，学生厌学、打架、早恋、泡网吧成风，就会使多数孩子受到传染，父母对孩子的希望就可能变成泡影。当然，这样的学校毕竟是少数。

作为家长，无论经济怎样困难，都要千方百计让孩子读书，打好知识基础，至少要孩子初中毕业，一般应该中专、职高毕业，能考上大学就更好。有些家长认为，反正孩子也考不上大学，他（她）不愿意念书，早点出去打工挣钱也好。有的刚念完小学就不念了，在初中辍学的也不少。尤其是女孩子，有些才十多岁，父母就给她“定亲”了。有的父母认为闺女早晚是人家的人，花钱培养不划算，小学毕业就不让上学了，硬是剥夺了女儿受教育的权利。这不仅是愚昧，而且是残忍的。他们不知道，孩子多一点知识，就增加一点有出息的实力。孩子文化很低，将来怎么去教育后代呢？一代又一代缺乏知识的苦果，难道还没尝够吗？

2. 家庭教育对农村娃成长的影响

家庭教育主要指父母及其他长辈对孩子的培养、辅导、教导。父母双双到城里打工，家庭教育的重担就落到爷爷、奶奶、姥姥、姥爷等亲属身上。父亲打工，家庭教育就由母亲承担。家庭教育对孩子的出息关系最大。

家庭教育的主要内容是什么呢？

一是启蒙教育。婴儿从母体分离出来以后，虽然在生理上已经是独立的人，但心理上仍和母亲是连体的，至少3岁以前是这样。人的大脑从出生后，需要3年时间才成熟到成人的80%。在这3年里，儿童大脑的发育，主要决定于父母的教育。专家们研究认为，农村儿童和城市儿童在智商方面没什么区别，大脑的遗传因素也没什么区别，不存在农村儿童“天生就笨，智商低”的情况。关键在于后天的社会影响和家教，使农村儿童和城市儿童形成明显差距。父母是孩子的第一任老师，父母的言行、家风，对儿童的影响无时不在。许多成年人身上的问题，都能从幼年时找到原因。俗话说："三岁看小，七岁看老"，家庭影响和家教对孩子大了是否有出息，有着不可估量的作用，这是父母们往往重视不够的。

二是非智力因素教育。这一点非常重要，它是家庭教育的主要内容。人有没有出息，从某种意义上讲不是取决于智力因素，而是取决于非智力因素，用国际流行的话说，不取决于智商，而取决于情商。所谓情商，即性格、意志、处理人际关系的素质。非智力因素主要包括：志向、目标、吃苦精神、毅力、自信心、不怕挫折和失败的勇气、正确的思维方式、敢于冒风险的胆量、高度的自制力、实践能力、良好习惯等。

三是配合学校教育。检查、指导学生完成作业的情况，解决学习中的困难，保证孩子学习成绩符合老师的要求。

四是道德品质教育。

五是特长教育。即帮助孩子参加特长班，例如：书法、绘画、乐器、球类、武术、游泳、民间工艺等。

从我国农村家庭教育的现状看，还存在着不知道家庭教育内容，不懂得家庭教育方法，不具备家庭教育知识的"三不"现象。这"三不"现象与城市家庭教育的差距很大，对农村娃的成才十分不利。因此，凡是希望孩子有出息的家庭，应把改变"三不"作为家庭的头等大事，切实加以解决。说句大实话，孩子要有出息，靠社会、靠学校、靠亲戚、靠运气，都不行，关键还要靠父母下工夫。一分耕耘一分收获，父母下的气力比别人大，注意学习和总结家教方法，以良好的家风熏陶孩子，孩子一般都错不了。我国古代特别强调家风，认为祖上有德，后代就会出光宗耀祖之人，这实际是很有道理的。

（三）孩子自身因素对成长的作用

农村娃能否有出路，有前途，当然离不开学校和家庭的教育，但是，关键还是靠自身努力。这就是大家常说的，外因只是变化的条件，内因才是变化的根据。外因只有通过内因才起作用。研究证明，学生是否有学习兴趣，学习方法是否正确，决定着他学习成绩的好坏。而上面列举的非智力因素状况如何，则决定着他能否成功、成才。人天生都是有弱点的，即人性的弱点。关键在于能否最大限度地克服人性的弱点，增长人性的优点。我们看到，同样一个学校，同样一个老师，学生毕业后的成长大不一样。同样一个家庭，孩子的出息也不尽相同。这里诚然有社会因素的作用，但主要还是自身因素和主观努力的结果。

孩子的自身因素（主要是志向、习惯、毅力等非智力因素）是从哪里来的呢？它不是生来就有的，更不是上天注定的，主要是通过社会教育、学校教育、家庭教育培养出来的，也是孩子接受教育，内化为自身的信念，形成行为习惯的成果。我们不能因为说孩子成才关键靠自己，就忽视学校和家庭教育。没有老师和父母的教育培养，孩子绝对成不了才。在有了这种教育条件下，关键还在于孩子的自身努力。俗语说："师傅领进门，修行在个人"，说的也就是这样一个理。这就要求我们把家教方法的重点放在尊重孩子、启发孩子的自觉性方面。家教怎样处理好外因与内因的关系是一门大学问，一些文化不高甚至不识字的父母，教育出了伟人、名人，他们在这个问题上处理得非常好，确实令人钦佩。

（四）家长怎样把三大因素整合起来

上面我们谈了影响农村娃成长的三大因素：环境、教育、孩子的自身因素。家长的责任就是把三者整合起来，针对孩子的特点，充分发挥三大因素的有利作用，避免和减轻其不利作用。

1. 尽可能改善孩子的就学环境

针对自然环境恶劣、学校办学条件差、师资力量很弱的状况，家长应下决心改变孩子的就学环境，或者转到好的学校，或者利用打工、找亲戚等机会把孩子送到城市上学。有移民政策的贫困地区，家长应为孩子前途着想，积极响应政府的号召，克服旧观念和旧习惯，尽快转到移民区去。实在没办法改变就学环境，家长就必须在家庭教育和启发孩子自身努力方面下更大工夫。无论如何不能耽误孩子。

2. 积极有力地抵御社会不良影响

社会环境对孩子既有积极的影响，也有消极的影响，家长要时刻警惕孩子受社会不良影响。如：网吧、游戏机、黄色片、赌博、酗酒、吸毒、斗殴等，能禁止的严格禁止，无法禁止的，要给孩子讲清丑恶现象的害处，提高孩子的免疫力。对社会环境中的积极因素，则要大讲特讲，让正面的东西占据孩子的心灵。

3. 积极配合学校对孩子的教育

经常去学校了解孩子的表现，联合学生家长做支持学校的事情，经常提合理化建议。理解、关心老师，使老师更热爱、更负责地献身教育事业。这种沟通是十分必要的，它会鼓舞和激发老师以更大的热情去教育孩子。

4. 进行如何做人的教育

家庭教育的重点是教孩子如何做人。孩子将来做什么样的人，养成什么习惯，怎样为人处世，关系到一生的成功与失败，这比考多少分，排多少名重要得多。

5. 坚持以启发孩子自觉为主

教育终归要落实到孩子身上，否则，教育就落了空。因此，“三大因素”的核心是孩子自身因素。怎样把环境因素和家教因素变成孩子愿意接受的东西，变成孩子内在的因素，是教育成功的奥妙所在。这里，孩子的自觉性起到关键作用。孩子不愿意，家长强迫也没有用。这和治病完全不同。治病时，即使病人不愿意，但只要吃药、打针、动手术就有效果。教育儿童，只要他不愿意，不认可，不接受，教育就注入不进去，还会产生逆反心理，你说得对他也不听，跟你“制气”。

整合“三大”因素，关键是父母的家庭教育环节。既不能把孩子教育完全推给学校，也不能全凭孩子自身努力，放任自流。父母要善于“借力”，借助于环境、学校教育和孩子自身力量，把孩子培养好。家庭教育也涉及孩子的隔辈亲属及其他亲戚。这些人出于对孩子的爱心，经常会按照自己的标准对孩子说些什么。因此有必要提醒家长：对孩子的教育要统一。如果甲说一样，乙说另一样，教育的效果就被抵消了。如果父母严格要求孩子，而爷爷奶奶惯孩子，教育就大打折扣。所以，家教要把有关的教育者组织起来，以谁为主，谁为次，有个明确分工。对孩子统一“体检”，统一研究，集体会诊，由一人去正式和孩子谈话，这样孩子才会有所遵循。这不是说只一人教育孩子，其他人不管，而是说，教育的步骤、方法、观点要一致，防止“一人一把号，各吹各的调”。

第二章　教育要从小抓起

第一节　重视学前教育

学龄前的孩子，对世界认知甚少，他们既可爱又听话，是父母们的心肝宝贝。为人父母的幸福感往往使父母们忽视了对幼小孩子的教育。尤其是生活在农村的父母们，因为平时要忙着干活，没时间也没能力来教孩子。其实，这种想法是不对的，这就好比是种麦子和水稻，要选种、浸种、催芽、育苗、栽种、浇水、施肥、防虫，等等，要遵循麦子和水稻的生长规律，每个阶段都有每个阶段要做的事情，不能放着不管，让它自己长大。其实，孩子的教育也是如此，教育孩子从准备要孩子的那一刻起就开始了。

一、婴幼儿教育，宝宝成长要用心

做父母的都知道，宝宝刚出生的时候只有一只小猫那么大，但是很快他们的小脑袋就变大了，手臂变粗，腿也变长了，然后可以爬、走、跑，还学会了说话。那么，为什么刚出生的宝宝变化这么快呢？其实，这是与我们人的智力、动作、语言和其他心理能力的发展联系在一起的。

孩子从出生到上幼儿园，他们的身体和心理都发生了很重要的变化，这些变化到底是什么？我们的父母在这个过程中又应该注意些什么？这都是需要用心了解的问题。

1. 宝宝动作的发展

3～5个月开始，宝宝就能够用手摸东西了，1岁以后可以拿起小木块，2岁以后就可以折纸、用勺吃饭了。而宝宝腿的动作的发展则主要是从孩子学会爬开始的，随后宝宝就慢慢可以坐稳了，到了1岁半的时候，宝宝可以走路了，2～3岁孩子还可以跳、跑和慢慢爬楼梯了。宝宝动作的发展对宝宝骨骼、肌肉的发展和手脚的灵活性都是很重要的，它还会促进宝宝大脑的发育。因此，在这个时期父母要让宝宝多动动，不要因为怕宝宝把衣服弄脏就不让宝宝爬，或者因为怕宝宝受伤而不让他们跑或跳，尽量让宝宝多参加运动。

2. 宝宝语言的发展

宝宝什么时候开始说话？相信很多父母都记得。宝宝学说话最重要的时间是2～3岁，如果爸爸妈妈在这个时期还没有好好地教宝宝说话，那么很有可能宝宝就一直不太会讲话，或者在讲一件事情的时候老讲不清楚。这时，父母往往就会认为这样的宝宝蠢，连话都讲不好。其实不是的，孩子语言能力的发展是和小时候父母有没有好好教有密切联系的，所谓“玉不琢，不成器。人不学，不知道”就是这个意思。因此，作为农村父母，不管有多忙，每天都应该抽一些时间教宝宝讲话，平时多和宝宝说话或多给宝宝讲故事。如果实在没有时间，可以把宝宝放在人多的地方，或让宝宝自己听录音带，因为宝宝本身的学习能力也是特别强的，他可以自己学习别人说话。

3. 宝宝大脑的发育

大脑发育的程度与孩子智力的高低是紧密联系的。而智力是衡量一个人聪不聪明的尺子，智力越高说明一个人越聪明。一般认为，大脑的发育在出生后的头五六年是最重要的，父母稍有不注意就可能使宝宝大脑的发育受损，从而影响宝宝以后的智力。譬如，农村都常说，某个孩子发烧，脑袋烧坏了。其实，这完全是有可能的。因此，在孩子还很小的时候，爸爸妈妈一定要注意宝宝的营养，不要因为宝宝营养不够影响了宝宝智力的发展，也要注意宝宝的健康，尽量避免宝宝生病，因为除了疾病本身的影响外，某些药物也会影响宝宝大脑的发育。还要保证宝宝接触不到烟酒等对大脑有刺激的物质，尤其是父母不要在宝宝面前吸烟。此外，父母还可以给宝宝买或者自己做一些能开动脑筋的玩具让宝宝玩。

二、宝宝生性好动，要限制吗

农村的父母大多喜欢把宝宝的四肢全部拉直，用包被裹住后，外面用绳子捆得紧紧的，使宝宝没有一点活动的余地。认为这样可以防止宝宝乱动东西、磕伤或碰伤，父母做起事来不必分心，而且认为这样培养出来的孩子长大以后会听话。这样做到底好不好呢？前面我们讲过，宝宝并不是天生就能活动，只有出生 3 个月后他们才开始活动。这是一个慢慢学习的过程。而宝宝上学之前的学习，就是在玩、在各种各样活动中学到的。如果不让孩子适当地活动，接触各种各样的东西，不仅会影响孩子骨骼、肌肉的发展，使得孩子瘦瘦弱弱，从小就体质不好，而且还会因为手脚的运动不够，影响大脑的发育，使得孩子以后做起事来笨手笨脚。因此，不管什么原因，父母尽量不要限制孩子的正常活动，还要适当地陪孩子一起运动，如和孩子拍手，教孩子踢腿等。

三、宝宝太好奇，该怎么办

从学会讲话时起，宝宝就开始缠着父母问这问那，即使问得家长哑口无言了还不肯停下来。在生活中还有这样一种情况，无论什么东西到了孩子手里，他都喜欢拆得破破烂烂，还喜欢放在嘴里“尝”一下。在这个时候，很多父母都只能摇头叹息，拿孩子没办法。其实，孩子的这些举动都是孩子想要弄清楚某个问题或者某个东西的表现。譬如，孩子拆玩具，并不是他们想搞破坏，他们只是想了解这些玩具到底是什么样的，它能动是不是因为里面有个小人儿。这个时候，您可以耐心地给孩子讲解玩具的构成，并且告诉他们以后不要再拆了，要先问爸爸妈妈或者和爸爸妈妈一起拆，千万不能因此而打骂孩子。打骂孩子只会使孩子在自己不了解的东西面前失去兴趣，以后什么都不想学了。

四、宝宝的健康安全要重视

由于宝宝出生不久，很多器官都处在发育的关键时期，父母一定要注意他们的营养和健康问题。首先，要保证宝宝的营养。出生的时候，尽量用妈妈自己的乳汁喂宝宝，并且尽量喂一年左右的时间。如果您急着出去打工，那么也要在宝宝能够断乳的时候再出去，千万不能拿宝宝的健康开玩笑。如果母乳不够，可以买一些既有营养又有质量保证的奶粉补充。近年，在有些农村地区，出现了一些呆头呆脑的大头宝宝，就是因为吃了劣质奶粉的缘故。到宝宝能吃饭的时候，很多都比较挑食，这个时候可以适当地给宝宝吃些好的补品，如钙片、婴幼儿补品等，为宝宝身体和大脑的发育“加油”。其次，由于宝宝的身体器官还很脆弱，尽量避免宝宝生病。因为稍微一点小病就可能影响宝宝重要身体部位（如大脑、耳朵、眼睛）的发育，导致一些一生都难以治愈的疾病，如腮腺炎引起的轻度白痴，中耳炎导致的耳聋等。因此，作为农村父母，在医疗条件相对不好的情况下，一定要注意宝宝的身体健康，培养一个健康、快乐、聪明的宝宝。

另外，正如前面所言，孩子天生就是好奇的，会把各种各样的东西往嘴里放，譬如：积木、吸管、果冻盒、玩具；还会摆弄一些危险物品，如：剪刀、劳动工具、开水暖壶、电源等。在外面玩的时候也可能在井、河、农田边上停留。我们也常听到、看到一些关于孩子溺水、触电的事故，近年来，不断有农村的宝宝因吸果冻而窒息死亡的事，这应引起父母们的警惕，作为农村的父母们，一定要特别注意孩子在屋内和屋外的安全，防止悲剧发生。

第二节　加强小学教育

很多父母在孩子上学后就松了一口气，认为孩子上学，有学校教育了，自己就可以不费心了。其实，这种想法也是不对的，孩子长大后，要操心的事就更多。孩子不仅又发展了很多其他的能力，而且孩子接触的环境也不如在家那么单纯了，更需要我们父母的帮助和教导。

一、小学教育，孩子培养多费心

1. 好习惯的养成

孩子上学了，生活开始有了规律，一些重要的习惯也慢慢形成。从上幼儿园起，老师就开始培养孩子早睡早起、讲究卫生的习惯，还会要求孩子遵守课堂纪律，从小养成遵守规则的好习惯。孩子们在学校也渐渐学会了要和同学友好相处，要尊敬老师和长辈。人有很多的好习惯或者坏习惯都是在这个时期形成的。那些好习惯的养成不仅为孩子以后的学习打下了基础，而且也为孩子长大以后进入社会，做一个合格的公民做好准备。如果这个时候孩子没有养成好习惯，那就会对孩子以后的很多方面产生不好的影响，如从小不守纪律的孩子长大后就有可能不守法，犯罪坐牢。从小不爱学习的孩子长大后可能一事无成。

2. 良好品质的养成

如果教育得好，孩子这个时候也会形成很多好品质。

(1) 勤奋、勤劳：在小学阶段，孩子在学校学到很多他们以前不知道的知识和不会的技能，好奇心得到满足，他们会觉得学习非常有趣，自己应该勤奋学习，慢慢就养成了勤奋的好品质，这种勤奋的习惯慢慢也会转移到做其他事情上，从而养成了勤劳的好品质。但是这个时期，如果孩子学习不顺利，成绩差，他们就会觉得自己很没用，什么都学不会，产生自卑心理。

(2) 责任感：孩子成为学生以后，他们慢慢就会知道学习是他们的责任，这种责任不仅是他们作为学生的一种责任，也是他们对生他养他的父母和辛辛苦苦教他们的老师的责任。当孩子当上学生干部以后，他们就会明白他们对其他的学生也是有责任的，他们必须要做好干部的本职工作，为其他同学多做事，做好事。这种责任感对孩子进入社会后对社会负责、积极参加工作有重要作用，父母一定不能忽视。

(3) 其他品质：这个时期也是孩子很多其他品质发展的重要时期。如对人诚实不撒谎，热心帮助他人、助人为乐，拾金不昧，爱护公务等。

3. 能力的发展

这个时期之所以重要是因为有很多重要的能力开始形成并稳定下来：

(1) 思维能力：父母朋友都知道，思维能力是人类一项十分重要的能力，它和人的很多其他能力都有联系。如一个孩子开始只知道什么是手表，但是经过学习，他知道什么是时间了，那么我们就可以说这个孩子的思维能力提高了。人并不是一生下来就会思考的，它是经过学习和练习渐渐发展起来的。上小学的时候是孩子思维能力不断发展的时期，父母要让孩子养成想问题的习惯。小的时候，孩子都喜欢问问题，这个时候父母一定要抓住机会帮助孩子一起想。

(2) 记忆力：我们总有这样的经历，就是我们总不记得出生后一两年的事情。为什么会这样呢？其实，这是和我们记忆力的发展有关的。出生后不久，由于大脑发育得还不太好，我们还记不住事情。只有等脑的发育成熟以后，我们才开始记事。一般认为，7~11 岁是孩子记忆力发展的重要时期。这个时期如果老师或家长能够给孩子适当的训练和培养（如让孩子多记多背，教给孩子一些好的记忆方法），那么孩子可以记住的事情就会越来越多，记的事情也会越来越复杂，再也不会“捡了芝麻，丢了西瓜”。

（3）书面语言能力：2～3岁是孩子学习说话的重要时期，但是除了说话，孩子还要学习怎么写文章，怎么阅读文章等，这就是孩子的书面语言能力。4～5岁是孩子开始学习书面语言的最好时期，而上学以后，学校重点发展的也是孩子的书面语言能力，因此，小学是孩子能不能学好书面语言的重要时期。这个时期，老师和父母都必须要孩子多看多写，否则孩子以后可能会出现看书速度慢，理解困难，不会写作等缺陷。

4. 个性特征的形成

最后一个需要强调的方面是，上学以后孩子开始有了一些自己的特点，这些特点有些会伴随孩子的一生，以后都无法改变，还有些则会影响孩子其他方面的发展。

（1）性格的形成：生活中我们总会发现，有些孩子能说会道，胆子大，脾气倔，而有些孩子则很安静，总是一个人默默地做事，做起事来也很踏实，让人放心，这就是我们通常所说的性格。性格一旦形成就伴随人的一生，很难改变。从小学到初中这段时期是孩子性格开始形成的重要时期。这个时期的孩子渴望有自己的特点，但是面对多种情况，他们又不知道要向哪儿发展，非常需要成人的帮助和指导。因此，不管是父母还是老师都要给孩子一些帮助，使孩子能形成好的性格，不要让自己的孩子变得孤僻、暴躁，影响了孩子以后的发展。

（2）对自己性别的认识：农村由于农活多，总是希望自己能生个儿子，觉得只有儿子才出息，但有的时候“老天爷”就是“不长眼”，偏偏生了个女孩。因此，很多父母盼儿心切，生了女孩也当男孩养，穿男孩的衣服，学男孩的动作，久而久之就真的有了男孩的样了。但是，这样做好吗？其实孩子从十一二岁起就开始能够认识到自己的性别了，也开始能够接受自己作为男孩或者女孩的种种穿着和行为了。但是，如果这个时候父母把女孩当男孩养或把男孩当女孩养，那么这些孩子就不知道自己到底是男孩还是女孩，脑子里面就会出现混乱，久而久之就会出现一些怪异的行为。如本来是男孩，说起话来却一副娘娘腔，本来是女孩，却喜欢打架、骂人，而且还不喜欢和同性别的孩子玩。这些表现虽然在小的时候影响不大，但是长大后遇到结婚等问题，就会出现很多麻烦（如同性恋、变性）。因此，不管是生儿生女，是男孩就按男孩的样来养，是女孩就按女孩的样来养。

二、适应新环境，父母多帮忙

孩子上学以后，进入了新的环境，很多事情都发生了变化，面对这些新环境，孩子既感到好奇也感到害怕，这些光有老师的帮助和教育是很不够的，需要父母们也能积极关注孩子的成长。

首先，孩子没上学的时候，接触的人也大部分是自己的父母、邻居或者小伙伴，这些人都是他们平时很熟悉的，对他也很好。但是，上学以后，孩子开始接触各种各样的人，有同学、老师和学校的其他人，这些人对于孩子来说都很陌生。在这种陌生的环境中，孩子往往会害怕，这就需要爸爸妈妈的鼓励和劝说。如果这个时候爸爸妈妈没有注意到这一点，孩子在学校就会变得胆小，不敢和同学玩，也不敢向老师提问题，甚至可能被同学欺负。久而久之，孩子就可能变得很孤僻，不爱和人说话，见了陌生人不敢打招呼。

其次，现在孩子的教育条件比我们那时候好了很多，除了上课，还可以从电视、录像、游戏机、报纸、网络中学到很多东西。有这么好的条件，我们父母当然感到很高兴。但是，很多新闻都有报道，很多小孩在网吧都是打暴力游戏，打完后还会在平时的生活中学游戏里的那一套，如打人、骂人、撒谎。而遇到这种情况父母或老师总是惩罚孩子，认为完全是孩子的错。其实也不能完全怪孩子，孩子还小，自制力本来就不强，加上善于模仿，在新鲜事物面前自然就控制不住自己。因此，很需要我们的父母在一旁监督他们，给予他们正确的指导。

三、教育孩子不仅仅是学校的事

从上面可以看出，小学是孩子成长的重要时期，孩子不仅有发展多种能力和品质的潜在可能，而且还有可能遇到很多不良诱惑的影响，需要成人的教育和指导。但是，作为农村父母，我们总是会想，教育孩子不是有学校就够了吗？就算我们不教育孩子，有学校管着孩子不一样也可以长大吗？我们天天得干活，哪还有时间教育孩子吗？我们自己知道的就很少，能教育好孩子吗？其实，作为农村父母，在孩子上学以后我们更应该教育我们的孩子。

第一，学校教的东西都是经过筛选了，包括如何做事，如何学习，如何与人交往，如何做人等多个方面，都是孩子以后走向社会必要的。但是，如果学校老师教一套，家长朋友们在家又教另一套，那么，孩子往往就无所适从，不知道听谁的好。如老师在学校告诉孩子“钱不是万能的”，家长在家里却说“有钱能使鬼推磨”；老师告诉孩子“要多做好事，多帮助人”；家长却说“人不为己，天诛地灭”。你说，孩子该听谁的呢？是老师说得对，还是爸爸妈妈说得对？结果可能是，孩子谁的也不听，自己想怎么做就怎么做了。所以，家长要配合学校，教育孩子的东西，特别是在处世、做人等方面的东西要与学校保持一致。

第二，孩子并不总是待在学校，孩子在学校的时间要比在家里的时间少得多。一周5天，每天8小时，一周总共40小时在学校，况且，有些学校，中午还是回家吃中饭，这样，每周其实不到40小时，其他时间大部分就待在家里。在这种情况下，父母就有必要继续承担起教育孩子的责任，如配合学校老师，如督促孩子做作业，及时预习、复习等。

第三，老师的精力是有限的，即使他有心帮你“管”孩子，但是由于孩子太多，他也不可能个个都能照顾到，有些孩子可能就会被忽视了，而您的孩子也许不幸就是被忽视的一个，而您却还不知道，这您放心吗？

因此，虽然孩子已经上学了，但是学校对孩子来说还是一个新环境，需要父母的安慰和鼓励。作为父母也要积极配合老师的工作，对孩子的各个方面进行培养，千万不可以和学校对着干，学校说东你就说西。同时，由于社会多种诱惑的存在，父母也要结合社会的力量对孩子进行教育，防止不良事物对孩子的影响。只有结合了学校、家庭和社会三方面的力量，孩子的成长才会顺利、健康。

第三章　家庭教育与学校教育

第一节　家庭教育与学校教育的特点

家庭教育与学校教育，既有相同点，也有不同点。作为学生家长，只有认清二者的不同特点，才能把家庭教育同学校教育有机结合起来，更好地教育孩子。

（一）教育的侧重点不同

学校教育以智力因素教育为主，家庭教育以非智力因素教育为主。智力因素教育，即进行语文、数学、物理、化学、地理、历史、生物、政治、音乐、美术等基础知识教育。这是融入现代社会从事社会事业所必需的文化基础。现在我国实行九年制义务教育，将来还要实行高中义务教育，这是民族振兴的战略举措。

非智力因素教育，即对理想、目标、毅力、勇气、自制力、创新能力、良好习惯等进行培养与教育。这是决定人智力因素的发展、发挥以及未来定向，能否克服困难挫折、有所作为的因素。

我们知道学校除了教文化知识外，同时也有品德教育、劳动教育、体育教学。所以非智力因素的教育，学校也不是一点不搞，但因学校和老师重视程度不够，大都点到为止，说一说就过去了。学校最重视的还是基础知识教学任务的完成，因为这是教育部门考核校长和教师的主要内容。至于非智力因素教育，上面是不考核的，下边的重视程度也就相应差一些。

现今农村的家庭教育，基本是按照学校教育的内容，督促学生做作业，告诫学生“好好学”，“努力”，“学不好我找你算账”之类。大多数家长没有把握家庭教育与学校教育的区别，把非智力因素教育作为重点。这样就使家庭教育成了学校教育内容的重复、加码，而极重要的非智力因素教育内容却空白，成为可有可无的东西。

这种漏洞，这种偏颇，对农村孩子的成长、成功，有着不可低估的损失！两大块教育漏掉一块内容，这对农村孩子是不公正的。农村家长和老师经常责怪孩子这不是那不是，而教育的漏洞谁来责怪，谁来弥补呢？

（二）教育的对象不同

学校教育对象是群体，家庭教育对象是个体，学校教育以共性为主，家庭教育则以个性为主。

学校中一个老师对几十个、上百个孩子，教学进度以完成教学大纲、教学计划来运行。教育方法以适应多数为主，不可能因人施教。考试出题以一般学生为参考确定难易程度。

家庭教育则以个性为主，从孩子的个性特点出发，有针对性地进行教育。

许多农村父母认为，孩子是自己养的，自己孩子啥样还不知道？认为自己最了解孩子。但是调查发现，绝大多数农民父母没看过教育学、心理学方面的书，对青年心理特点没有细心研究过，他们只是相信自己的眼睛，根据直观的感觉判断孩子的个性特征。许多孩子认为父母不能理解他们的想法，无法与父母沟通。

家庭教育能否成功，了解孩子，适应孩子的个性特征是第一要紧的事。

家庭教育不仅要达到学校教育对多数孩子的一般要求，还要达到孩子个人发展的要求，尤其是全面提高素质，将来有出息的要求。家长心里明白，符合当地学校共性要求的“好孩子”未必就是“好孩子”，更不一定是适应未来社会需要的有出息的孩子。如果当地学校教育水平低，师资水平低，这样的“好孩子”也好不到哪里去，家长必须通过有效的培养教育，弥补学校教育的不足，使孩子具备有竞争力的个人素质，才可能有出息。

（三）教育的目的不同

教育孩子的目的是为国家培养人才，这是学校和家长常说的一句话，肯定是没有错的。但在具体目的上，学校重点考虑的是学校利益，家长重点考虑的是家庭利益，这也是正常的、很现实的情况。

学校重点考虑的是教学任务的完成、上级考核的成绩、升学率的高低、经济收入的改善。学生学习成绩的好坏，直接影响到这些方面。“差生”会影响全班的成绩，影响老师的考核成绩，甚至影响到老师的奖金和升迁。教育学生的目的，因学校和教师而有所不同。好的学校和教师，为学生的长远利益考虑的就多一些。比较差一些的学校和老师，为学生的长远发展考虑的就少一些，学校和教师的利益使教育目的发生偏移。

农村家庭教育孩子的目的，一是为孩子将来有出息，过上好日子；二是“养儿防老”。多数家长把改变家庭贫穷状况的希望寄托在孩子身上。

农村家长教育孩子的目的，考虑孩子利益和自身利益比较重，基本不考虑学校利益和老师利益。而有些老师对哪个孩子将来能否有出息，是否能改变家庭贫穷命运，也考虑不多。教育目的的差别，会导致教育质量、深度、成才率产生明显差异。

在农村现有的经济条件下，对学校和老师提出过高的期望和要求，是不现实的。要实现家长对孩子的期望，主要还得靠家长和孩子自身的努力。

（四）教育水平存在很大差距

目前农村学校教育水平普遍不高，尤其是西部贫困地区，教育设施落后，师资力量不足。预计今后 5 ~ 10 年会有显著的改善。

农村家庭教育的现状是令人担忧的。孩子的父母大部分是初中以下文化，母亲基本上是小学文化。这倒不大要紧，要紧的是成千上万的父母双双在城里打工，把孩子扔给爷爷奶奶、姥姥姥爷，他们通常年老体衰，精力有限，而且文化水平普遍低下，甚至相当一部分是文盲，家庭教育成效甚微。未出去打工的父母，可以说多数不注重自身素质的提高，不看家教的书，不学家教知识，似乎会生孩子就会教育孩子，想怎么管就怎么管，管不了就打骂强制。家庭教育水平与学校教育不平的差距，既影响家庭教育与学校教育的结合，从而又妨碍孩子的成长和发展。

第二节　创造良好的家庭环境

好的家庭环境不仅有利于孩子的健康成长，还有助于培养孩子助人为乐、乐观向上的处世态度。现实中的例子表明，很多走上犯罪的青少年，在他们小的时候，父母都

没有给他们提供一个良好的成长环境。

一、多读多看益处多

古人说：言传身教。作为农民朋友，自己可能不识字或识字较少，但没有关系，作为父母首先要养成虚心好学的习惯，遇到不认识的字，放下家长的架子，向孩子请教或者和孩子一起翻字典，父母的这种行为会给孩子带来示范作用。平时，在家里应尽量养成读书看报的好习惯，条件允许的话，要多关注国家大事，收看新闻联播，尤其是中央电视台的《新闻联播》节目。

读书看报时，家长可以和孩子一起读出声来，而且手边要常备字典，大人小孩一起识字。家长养成了好习惯，就会对孩子有好的影响，这就是言传身教的作用。只要养成了好习惯，不管孩子将来能否深造，他都会主动学习，成为一个有心之人。家长在给孩子创造良好的学习环境的同时，也教会了他们如何学习。对于还没有上学的孩子，父母可以先教他汉语拼音和简单的儿歌，然后给他们买一些有趣的、适合他们读的故事书，这样，孩子在没上学就养成了喜欢读书的好习惯，对于以后的学习是很有帮助的。

河南曾经有一位妈妈，仅上了一年半初中，没有能力辅导孩子的学习，但她说："我能做到的是把我家建成爱读书的家庭，要舍得买书，要自己带头读书，我给自己规定每天至少读 20 页书。读书读出了家庭的气氛，读出了孩子们的气质，也读出了孩子们爱学习的好习惯。"在这样的爱学习的家庭氛围中，她的两个孩子都考取了美国全额奖学金的留美博士。

在一个家庭中，父母帮助营造出一种好的学习氛围，对孩子的影响是不可估量的，在一个爱学习的家庭环境中成长的孩子，和在整日打麻将、酗酒的家庭环境中成长的孩子，是完全不一样的。

二、应尊重孩子的人格

在农村，好多父母把孩子当成自己的“私有财产”，认为孩子是自己的，我要他做什么，他就得做什么。但实际上孩子也有自己的想法，作为父母也要尊重孩子的这些想法；孩子也是一个有自己人格的人，与父母是平等的，要让孩子觉得他也是有自由的，而不是时时刻刻都得由父母管着，什么事都得听父母的。如果父母都不尊重孩子，还有谁会来尊重孩子呢？孩子也只有在父母尊重他们时，才感到被尊重，并学会去尊重他人。因此，对农村父母来说，首要的是要学会尊重孩子，努力建设一个民主、和谐的家庭。

2000 年 1 月 17 日在浙江省发生 17 岁的“好学生”徐力，用铁榔头打死母亲的家庭悲剧，他以故意杀人罪被判有期徒刑 15 年。徐力原本是一个品学兼优的、性格文静的孩子，可是他为什么要杀害自己的母亲呢？原因就是徐力从小在一个不民主的家庭中长大，生活得很压抑，没有秘密，没有自由，也没有快乐。徐力的母亲虽然疼爱儿子，但对孩子的期望过高，把孩子当成了自己的私有财产，经常对徐力说："考不到前10名，我就打断你的腿。反正你是我生的，打死了也没关系！"结果导致了悲剧的发生。

上面的例子中，徐力的母亲总是把自己的想法强加在儿子身上，不管儿子愿不愿意。一些本不应该发生的悲剧往往就发生在这种压抑、专制的家庭环境中。

那么，怎样的家庭才是民主的呢？对父母来说，首先要改变自己的观念，把孩子当成是家里的一分子，家里有什么大事、小事都与孩子沟通、商量，而不是把孩子看做是任凭自己使唤的人。对于家里一些重要决策，如盖房子、买大的电器等，可以有意识地召开家庭成员会议，让孩子参与，听听孩子的意见。另外，时不时也要过问一下孩子的学习和生活情况，关心一下孩子有没有碰到什么难题，在学习上有什么计划，打算如何实现它。当然父母也可以把自己的想法与孩子交流，包括家里遇到的各种问题和困难，这样孩子也会更理解父母。此外，父母还要尽力满足孩子合理的要求，也要告诉孩子有要求直接提，不能使性耍脾气，也不能无理取闹。在这样的民主家庭长大的孩子，才会体谅父母的难处，与父母的关系也会很好。

总之，父母要给孩子一个宽松的环境，多与孩子沟通，要发现、理解、尊重自己的孩子，这才是真正的爱，而不是只在物质上满足孩子、直接把自己想做的事强加在孩子身上。当父母有意识地这样去做时，您会发现，您的孩子与以前不一样了；同时，这样去教育子女的时候，您也会发现养儿育女原来还真是件很快乐的事情。

三、抛弃封建迷信

现在农村仍然还有很多人相信“命运天注定”的说法，于是一些所谓的“大仙”、阴阳先生始终不能在农村消失。经常能看见他们出入农村婚丧嫁娶等各种场合，甚至很多农民朋友看病都找这些江湖骗子，最终上当受骗，人财两空。

小刚的父亲以前是一个非常踏实的农家汉，干农活是一把好手，小日子也过得红红火火。前年小刚的父亲去赶集，正遇见一位“大仙”在给人算命，小刚的父亲也凑过去让“大仙”给算算。“大仙”说小刚的父亲命不好，最多活不过三年，他儿子小刚将来也不会有什么出息。小刚的父亲回家后就闷闷不乐，总想着“大仙”的话，觉得自己快死的人了，还干什么劲儿啊。从此以后他再也不管地里的活了，对小刚的学习也没心思过问了，整天什么都不干，任何人劝都不听，三年早都过去了，小刚的父亲也没出什么事，日子倒是越过越难，到后来连小刚的学费也凑不齐了，小刚因此也辍学了。

从这个故事里我们可以看出，封建迷信完全是骗人的把戏，是不科学的。小刚的父亲相信“大仙”的话不单害了自己，还害了孩子。所谓的“大仙”也只不过是江湖骗子而已。试想一下，如果他们能够预见未来那自己怎么还会过不好，还要走街串巷混饭吃？在农民朋友的周围，一定还有很多这样的例子，建议这些信“命”的朋友多了解一些关于生命和科学的知识，用科学的态度对待自己的生命和生活。

四、勤俭节约须保持

现在，好多农民朋友的生活水平越来越高了，甚至有些家庭比城里人还要富裕，家里什么都有，以前是用手洗衣服，现在也买起了洗衣机。在东南沿海的一些发达的农村，似乎和城里没有太大的差别了，住的是二三层的小洋楼，彩电、冰箱这些电器几乎家家都有了。在这样好的生活条件下，一些家长越来越疼自己的孩子，给孩子买各种各样城里孩子吃的零食，也常给孩子大把的零花钱，有些父母这样认为：“即使我们再苦点，也不能委屈孩子，不能让人家看不起。”那么，是不是生活条件好，就可以铺张浪费了呢，就不要勤俭节约了呢？我们认为，这是不对的。

首先，我国是一个人口众多的国家，但是可利用的资源很少。因此，我们这一代必须节约，才能让后代像我们一样有饭吃，有资源可用，甚至过上比我们更好的生活。正所谓“但有方寸地，留待子女耕”，说的就是这个道理。

其次，勤俭节约是我们中华民族的传统美德，特别是广大农村，更是这方面的楷模。我们应该继承这种优良传统，而不能让它在我们这一代消失。

第三，即使是比我们富裕得多的国家，在勤俭节约方面也做得很好。如美国一些百万富翁的儿子，常在校园里拾垃圾，把草坪和人行道上的破纸、冷饮罐收集起来，学校便给他们一些报酬。他们一点儿也不觉得难为情，反而为自己能挣钱而感到自豪。有的家庭经济并不困难，但父母却要让八九岁的孩子去打工送报挣零花钱，目的是培养孩子自力更生、勤俭节约的习惯。

美国著名喜剧演员戴维·布瑞纳中学毕业时，父亲送给他一枚硬币作为礼物，并嘱咐他："用这枚硬币买一张报纸，一字不漏地读一遍，然后翻到广告栏，自己找一份工作，到世界上闯一闯。"都说"穷人的孩子早当家"，后来戴维取得了很大的成功，他在回首往事时认为那枚硬币是父亲送他的最好礼物，它使戴维懂得了生活的艰辛、衣食的来之不易。

美国父母教育孩子的这一点是值得我们学习的，就是要从小培养孩子勤俭节约的意识和行为。具体的做法可以通过生活中的一些小事告诉孩子，比如吃饭时吃多少盛多少，不扔剩饭菜；使用学习用品要节约，一张纸写错了字，擦掉还可以用；衣服破了个洞，补好了还可以穿，等等。还可以经常给孩子讲勤俭持家的故事和道理，让孩子懂得一粒米、一滴水、一度电的来之不易，都是人们辛勤劳动换来的，告诉孩子不管以后生活水平会有多高，不管以后走到哪都要保持这样的好品质。这样，只有人人都节约，才能把我们国家建设成为一个"节约型"的社会。

五、一个好汉三个帮

父母除了要给孩子提供一个学习的、民主的、科学的、勤俭的家庭环境之外，还要给孩子提供一个合作的环境，让孩子从小就学会怎样与别人合作。在现代社会里，社会分工越来越细，人与人之间的相互依赖越来越强，你不合作，你不帮人，你就寸步难行，无法生存下去。“一个和尚挑水喝，两个和尚抬水喝，三个和尚没水喝”正是不合作的结果。那么，怎样才能给孩子提供这样的环境，培养孩子的合作精神呢？这就要求父母要做到与邻里之间的互帮互助，正所谓“一方有难，八方支援”，当邻居朋友碰到困难的时候要伸出自己的援助之手，平时农忙的时候，如果哪家需要帮手也要积极地去帮助人家。这些事情孩子都会看在眼里，不知不觉他们以后也会成为这样的人，长大以后走上工作岗位后也会和别人很好地相处。

有这样一个村子，村里住着几十户人家。张家孩子小明的奶奶是位退休教师，她说：“我的生命是属于孩子的，退休后我还要继续教孩子”。于是，她主动担起了方圆两里内小孩子们的“班主任”，平时辅导孩子们学习，带他们玩，有时还帮助孩子的家长与学校的老师联系。小明的妈妈是村卫生室的一位医生，自觉做起了邻里们的“家庭医生”，大家有个头疼发热都会首先想到她，邻里之间有个大病小情也都会主动找到她。小明的爸爸在村里开了家维修店，他也就主动担起了村里的“技术顾问”，受到大家的尊敬和喜爱。在爸爸、妈妈和奶奶的影响下，上初中的小明和上小学的妹妹平时都是热爱集体，关心同学，尊敬老师的好孩子，年年都被评为“三好学生”。全家人相亲相爱，其乐融融。

从这个例子可以看出，好的家庭环境对孩子的成长有很大的影响。亲爱的农民朋友们，你们在辛勤劳作之余不妨尽量给孩子创造一个和谐快乐、互帮互助的家庭环境，让孩子在你们的影响下学会怎样做人，怎样与人相处。

第三节　学校教育的不断完善

目前我国教育体制和教学方法尚处于改革的进程中，有许多问题需要改革，但进展缓慢。学生家长也要用改革的眼光看待学校教育，不要把现存的一切都看成对的。更不要把老师的话、老师的做法都看成绝对正确的，强迫孩子绝对服从。提出这一说法不是不配合学校教育、不支持学校和老师的工作，而是分清是非，科学地、更有成效地培养教育孩子。这对孩子的成长是至关重要的。

（一）全面提高孩子的素质

“考考考，老师的法宝；分分分，学生的命根。”这是学生的流行语，生动反映了学校教育的“特色”——应试教育。

我们不是说要像“十年动乱”时那样，否定考试，取消分数，培养张铁生式的“白卷先生”。而是说，考试要适度，对考试分数要客观地分析和看待。但是，在现实中，考试成了检验教学成果的唯一手段，考分成了评价学生的唯一标准。考分低，就是“差生”。而“差生”的成绩，会拉班、年级和学校的成绩，就像乒乓球团体赛一样，谁丢了一分，一个队就可能输掉。考试成绩关系着校长的升迁调离；关系着老师职称的评定、奖金的多少；关系到学校和班级的荣誉。在这种情况下，校长、老师、家长、学生都盯着分不放。校长、老师盯着分是为了上面考核。家长盯着分是为了孩子的成长和自己的面子。学生盯着分是怕家长打骂。应试教育的最大弊病是偏离素质教育的正确方向，培养素质不全的“残疾人”！

素质教育是国家教育改革的重点，是纠正应试教育的重大举措。素质教育就是使学生德、智、体、美、劳全面发展，着力培养学生创新能力和个性心理素质。

家庭教育的重点是非智力因素教育。即理想、目标、毅力、勇气、自制力、创新能力、良好习惯等。这些是学校教育所忽略的，也是考分所无法反映的。

家庭把非智力因素教育抓好了，加上学校的知识教育，孩子的素质就会全面发展，全面提高。就会有效地防止教育的畸形发展和培养“残疾人”的可怕后果。

（二）把握“好学生”标准

什么是好孩子？在实际生活中有个约定俗成的标准：考试成绩好、老实、听话。这三条标准慢慢地印在老师、家长和学生的心里，成了指导教育的潜规则。

家长们对“三条标准”要作具体的分析。考试只是检验学生学习成绩的一种手段，它不完全反映学生掌握知识的状况。当你的孩子考试成绩不理想时，你要与孩子、老师一起分析，是不会做题，还是因马虎搞错了？是考试技巧问题，还是心理压力太大精神过于紧张造成的？是时间不够，答题速度太慢，还是题量太大，来不及细致思考？如果不会做题，是记忆问题，还是理解问题？是没注意听老师讲，还是没认真做作业？一共多少次考试，以前考试的总成绩和平均成绩怎么样？学习方法有什么问题？对这些问题，家长与孩子一起冷静地分析，比只凭考分轻易下结论，效果好百倍。

孩子就像运动员一样，一两次比赛成绩，不一定能真实反映他的实力。哪有常胜将军？好运动员都是从失败中摔打磨炼出来的。以一两次比赛成绩就定出运动员水平的高低，在体育界并不多。中国乒乓球队的王楠、王励勤、马琳、孔令辉都有过令人惋惜的失败，但是及时总结，加强训练，使他们多次走上世界冠军的领奖台。家长们也要向这些教练学习，正确看待孩子每次考试的成绩。

对“老实、听话”也要具体分析。怎么个老实法，怎么个听话。如果是没有独立意识、缺乏主见、胆小懦弱、绝对服从式的“老实听话”，那就不是“好孩子”，这样的性格虽然被老师喜欢，但是将来很难有出息。

一个“好孩子”的标准应该是这样（仅作参考）：

智力因素方面：爱学习。学习方法正确。上课注意力集中，做作业认真迅速，不偏科。基本功扎实，考试能正常发挥，全科考试平均成绩良好以上。

非智力因素方面：有理想，目标明确；有毅力，有勇气，自制力较强；有创新能力；有良好习惯且不良习惯少，或能及时克服不良习惯。

其他方面：遵纪守法；尊重老师，孝敬家长；与同学团结互助，爱劳动，身体健康。

家长如果同意这个标准，建议与孩子一起商量（不要强迫），孩子认可后，最好写在大纸上，贴到孩子住室的墙上，并叫孩子背下来。开始每周当家长的面背诵一次，以后每月背诵一次。

家长可以每次选择“标准”中20个要点中的一点，作为话题，以有关书籍、事例、孩子的表现、体会、进步，进行朋友式的讨论，让孩子敞开心扉主谈，家长补充、修正和完善孩子的意见。最好在吃饭和散步时进行，这样气氛宽松，防止像开会、上课、领导讲话那样的方式。

（三）孩子在校受到不公正待遇，家长要公正处理

孩子在学校打架了，老师告知家长，家长不由分说，

对孩子一顿暴打。孩子因考试没考好，影响了班级成绩，老师同学讽刺、挖苦、冷落，回到家后，家长一听就火冒三丈，非打即骂。这种现象在农村相当普遍。电视曾不止一次报道，某学校老师经常打学生，学生们回家都不敢告诉家长，怕挨家长打。某学校多名女生被一男老师猥亵、强奸，也不敢告诉家里。这些事例显属极端，但家长不为子女主持公道的怪事确实存在。许多家长认为，如果为孩子争理，说老师错了，那不等于惯孩子，以后孩子怎能听老师的话？

应当承认，在当前农村的学校里，有相当多的老师素质还不够高。他们在教学方法处理问题方法方面还存在不少问题，除打骂体罚之外，训斥、讽刺、挖苦、吓唬、冷落、报复等时有发生。这就导致学生委屈、苦恼、恐惧、忧郁、苦闷等心理较长时间不能排解。当孩子回家把心情说出来之后，家长如果不分青红皂白地再埋怨、责备一顿，孩子就会压力更大，陷入更深的忧郁苦闷之中。再遇到什么事，也不愿意同家长讲了。孩子们的感受是：在学校不得好，回家也不得好，上学太没意思了。于是很容易与落后分子甚至社会上不三不四的人搅在一起，滑向可怕的下坡路。

家长应当经常根据孩子的表情，询问孩子在学校遇到了什么不顺心的事。如果是一般的小事，要以温暖的话语安慰、劝解，让孩子学会处理这些问题的方法，提高分析问题和解决问题的能力。如果是受到同学的欺负、老师的责打、高年级同学的勒索、社会青年的威胁引诱，家长就要立即去学校与老师沟通。老师解决不了就直接找校长，校长解决不了就找教育局。这种事情是不能容忍的，忍了就坑了孩子。

当学校单纯以考试成绩给你孩子戴上“差生”的帽子，并召开家长会，公布考试成绩和排名，给排名靠前的学生戴花发奖时，你肯定会觉得很丢面子，为不争气的孩子生气。不过，请你千万要沉住气。要意识到，学校的这种做法并不怎么样。这种做法不是什么“鞭策”，而是严重打击应试成绩不好的学生的自尊心、自信心，加剧孩子与家长的矛盾，使孩子对学习产生恐惧，感到过度的压力，学习兴趣和进取心一落千丈。

回到家里，当孩子感到很对不起父母时，你要意识到，孩子这时最需要的是温暖、信任、鼓励，让孩子不失去自信心和进取心。你要与孩子一起分析考试成绩低的原因，帮助孩子找到解决问题的方法。自己能力不够，就请附近有能力的人帮助。村里没有，就请老师帮助找原因，找方法。一定要摘“差生”的帽子，让孩子相信自己的智力，相信自己的能力，以更大的志气和勇气战胜挫折，向全面的素质目标奋进。

第四章　农村子女教育的常见问题

第一节　青春期教育

“十几岁的娃子，说什么他都听不进去，总和你对着干”，家长朋友们，你们有过这样的体会吗？你们知道孩子们为什么会这样吗？其实，这和孩子的年龄有关。十几岁的孩子生理特征已经接近成人，比如我们常能看到的儿子有了喉结，出现变声，女儿来月经等；同时，他们的心理也要发生变化，而且这个时期，是孩子的生理和心理变化处于不协调的时期。简单说，就是孩子要长大了，但是他们还不知道长大是怎么回事，更不知道该怎样长大，这时候，很多孩子就会出现一些电视上常说的心理问题，上面提到的“不听话”只是很多心理问题中的一种，为了让您的孩子走好人生重要的一步，我们在下面重点列出了几个需要注意的地方，以供家长朋友们参考。

一、儿子开始“反了”

上面提到，孩子不听话了，不再按父母的话照办了，这就是我们常说的“逆反心理”。一般来说，孩子会有这样的行为，主要是由于他们开始认为自己长大了，很多事情可以自己做主了，但是家长们又不放心孩子去做，还是和以前一样管着他、命令他，甚至打骂他。在这样极端的情况下，孩子就会和你对着干了，你说应该这样，他偏说应该那样。家长朋友应该意识到，孩子这个时期的逆反心理不是不正常的，只要我们处理得好，孩子就可以健健康康地成长。但是，如果我们不能及时找到好的方法来克服和预防它，这种心理就会更加严重，甚至走向变态心理或者犯罪心理，给孩子的一生造成不可挽回的影响。

1. 有话好好说

一个十二三岁的小男孩在小学毕业快上初中的时候，由于一件小事和爸爸意见不一致吵了一架，爸爸打儿子已经习惯了，更何况儿子竟然还当面反抗他，于是儿子吵完后，爸爸狠狠打了他一顿，结果儿子反不过来这股劲儿，一生气离家出走了。一走就是七年，儿子走的时候才十三，正是整个人发生变化的时候，这期间家长伤心过、后悔过，寻人启事不知道贴了多少张，儿子一点反应也没有。七年以后儿子突然间出现在父母的面前，父母却不认得他了。儿子走以后一直在一家饭馆打工，除了洗盘子刷碗他什么都不会，离开了父母，他也就放弃了受教育的权利。

这位父亲一定很后悔当初自己的行为，但儿子耽搁的这几年时间，是找不回来了。

作为家长，我们应该认识到，孩子有这么强烈的反应，是和他们心理上的变化紧密相连的。在本质上，他们还是

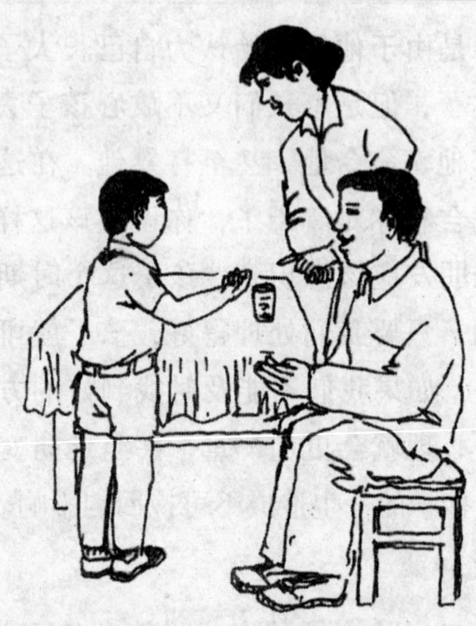

您的好儿子、好女儿，只是他们正处在由小小孩变成大小孩的转折时期，他们希望有自己的空间，希望自己能够独立处理一些事情，而不是总要大人帮忙。其实，这是孩子希望长大的表现，父母应该感到高兴才是。作为父母，我们应该试着放开手脚让孩子自己去做。如果觉得实在不放心，可以在旁边悄悄地看着，发现孩子不对了，不要正面指出来，给他们一点暗示就可以了。遇到有冲突的时候，和他们好好说话，想想你自己年轻的时候，是不是也这样。这样，您的语气就能尽量好一点，告诉他们，你为什么这样、或那样要求他们，尽量给他们多举些例子，让孩子从心底里理解你，从行为上改正自己，那么，你教育他们的目的也就达到了。

2. 相互理解

在农村，家长们整天忙着干活、照顾老人，很少有时间和孩子说说心里话，就只能买些实际的东西让孩子满足。但是，仅仅是物质上的满足，还不能让孩子理解作为父母的良苦用心。尤其是在十几岁的时候，孩子很敏感，很容易就把家长的行为和说话的意思误解了。如果沟通不好，孩子很难做到处处都从好的方面去理解父母。这个时候有必要告诉孩子：她们都是父母的亲生骨肉，也许父母做的事情有不对的地方，但都是为了孩子好，父母的啰嗦和批评都没有恶意，如果孩子觉得不对，可以提出来一起商量，孩子有什么自己的想法也可以直接告诉父母。但是要记住：无论怎么说孩子，家长一定要得到孩子的理解，同时家长也要理解孩子，因为孩子也有自己的需要，也需要得到别人的理解和尊重。如果能做到这一点，相信孩子们也就不会看什么都不顺眼了，也能用一颗宽容善良的心去理解父母了。

3. 帮助孩子学会适应

上面提到，孩子在成长的过程中生理和心理都会发生很大的变化，因此他们可能会对周围的一切开始不习惯，看问题的角度也不同了。这就需要家长朋友们帮助孩子学着适应环境，让孩子知道：所有的不习惯和不舒服都是暂时的，慢慢习惯了就好了。家长还可以鼓励孩子多参加课外活动，多让孩子帮着干点活，父母越是什么都不让孩子干，孩子就越会觉得，父母为自己干什么都是天经地义的，也就会要求家长在更多的事情上顺着他。如果孩子能积极帮助周围有困难的人，多和同学、朋友接触，孩子的性格就会越开朗，那么所谓的“不听话”，也就不再是问题了。其实让孩子知道怎样帮助别人，体谅别人，那么他们也就知道了如何适应社会，更容易走向成功。

二、孩子自卑怎么办

很多孩子上初中以后，会有自卑的心理，总觉得自己不如别人，这种心理在城市中生活的农村孩子会更加突出。在这种心理作用下，他们要么爱在别人面前显示自己、喜欢攀比，在经济条件不允许的时候，为了达到他们的目的，常常会做很多傻事；要么就是什么事情都不敢做，不喜欢与人交往，把事情都闷在心里，这种孩子在有什么事情想不通的时候，也容易做出傻事来；还有的孩子为了弥补这方面的不足，在其他方面发奋图强，比如在学习上比其他同学表现更为突出。

家长朋友们都应该记得来自农村的马加爵。从马加爵的详细报道中，我们或多或少能看到马加爵狠毒外表隐藏的可怜和自卑。因为自卑，他总觉得别人瞧不起他，总觉得别人做什么事情都是针对他，时间长了，这种自卑逐渐变成严重的心理变态，最终导致悲剧发生。

一些专家认为，人的自卑心理有一部分是在青春期形成和发展的。马加爵的行为在农村孩子中很少见，但正是这个极端的例子，唤起了农村父母们对孩子自卑心理的注意。我们曾经对西部在校农村贫困生作过一个调查，绝大多数的农村孩子对生活现状不满意，有一半以上的人有抑郁倾向，接受调查的一些贫困孩子说：“只要一有同学说自己丢东西，我就觉得所有人的眼光都在看着我。”“我觉得老天不公平，为什么要把我生下来，又不生在一个富裕人家。”面对这种情况，家长朋友们，你们该怎么做？

1. 告诉孩子，别和自己过不去

当孩子有这种自卑心理的时候，家长朋友，你们的态度很重要。你们完全没有必要因为没能力给孩子好一点的生活而心里难受，要让孩子知道，人虽然不能选择自己的父母和家庭，但是可以选择自己想要的生活。因此，要想以后过上好日子，就要自己努力去争取。生活就是一面镜子，你哭它也就哭，只要你笑，它也会跟着你笑。其实，家长和孩子可能还不知道，还有许多城里孩子很羡慕农村孩子呢，他们羡慕农村孩子小时候能尽情地玩，羡慕他们身上特有的聪明和踏实，羡慕他们从小养成的生活自理能力等等。

2. 鼓励孩子主动和别人来往

人有与他人交流的需要，不和别人说话就会感到孤单。尤其是孩子大了，总会在没事的时候胡思乱想，然后就会否定自己。如果家长们发现孩子突然间就不爱说话了，总是一个人独来独往了，就要主动鼓励孩子多和老师、父母、同学、朋友交往，并告诉孩子，主动和周围的人说话，打招呼，不要怕别人不理自己，其实很多时候并不是别人不愿意理我们，而是我们让人看起来不知道该怎么接近。给自己和他人认识、了解的一个机会，主动上前和他（她）

打个招呼，任何一个有教养的人都不会拒绝我们。

3. 不要总说自己的孩子不好

为人父母，望子成龙的心情是可以理解的，但是要注意自己在孩子面前的言行。可能父母无心的一句话就让敏感的孩子想很久，使孩子的自卑心理加重。很多家长总喜欢在孩子面前说："你看人家孩子多聪明，你看人家孩子多能干"，长时间下来，这不但达不到父母教育孩子的目的，还会让孩子失去自信心。试着多说些鼓励的话，可能会有意外的收获。

生在农村的家长可能给不了孩子像城市里的生活条件，但是可以和城里人一样给孩子良好的精神生活。在孩子性格发育的初期阶段就注意给予孩子及时的教育，告诉孩子，城里人和乡下人是平等的，钱不是衡量人的标准，艰苦奋斗、勤俭节约、自强自立是所有人都认可的。

同时，我们给孩子讲一些家境虽然贫困却能成才的青少年的小故事，让孩子有一个榜样，并能在以后的生活和学习中给他们更多的指导。

三、孩子早恋，家长怎么办

女儿刚上初中，就爱打扮了，愿意和同龄的小伙子说话了，再过一段时间，就有人送她回家了，出门前还有人在门外面等着。本想让女儿上个好学校，再不济也能留个好名声，将来嫁个富裕人家，没想到这么早就搞上对象了，这样下去怎么行？抱着这样的想法，家长会怎么办呢？骂女儿一顿？然后用更严厉的方法把女儿身边的小伙子赶走？

1. 孩子为什么会这样

可能很多家长看到孩子这样都觉得不可思议，觉得平时对孩子的教育很严格，孩子平时也听话，怎么一下子就变成这样了呢？其实，十五六岁的孩子，刚刚向大人转变，主要是生理上的变化使他们逐渐对异性产生了不一样的感觉。因此，家长朋友不要慌张，孩子之间的这种感觉是一种很正常的心理现象，如果能把握得好，还能给他们带来学习和生活上的动力，让孩子更健康地成长，但如果引导不好，则可能产生很多难以解决的问题。

2. 问明白再说

作为家长，我们不要胡乱猜测，先问问孩子到底是怎么回事，为啥总和那个小伙子在一起。如果孩子告诉你，她只是有时候想和这小伙子说说话，他们也只是放学的时候一起回来，没啥其他的事儿，那么就告诉孩子男女同学之间不是不可以交往，但要正常地交往，建立正常的友谊。同时也要让孩子知道，好人家的孩子都愿意将来娶一个知道自重的好姑娘，所以要懂得保护自己，不要让自己吃亏。相信作为母亲，如果你能这样和自己的女儿说话，那女儿的心里一定充满了感激，并且会对自己以后的言行很慎重。如果不分青红皂白先骂一顿，女儿的自尊心一定会受到伤害，而且很有可能以后和你对着干："你不是说不让我们在一起吗，我们偏要在一起，看你能把我怎么样。"

3. 家长应该怎么说

当孩子自以为长大了，父母面对他们的时候，很多话都不知道怎么说，说的轻了孩子不当回事，说得重他们又接受不了。一些儿童心理专家建议，尽量以一个朋友的身份坦诚地和孩子交谈，必要的时候可以通过家长自己的亲身经历教育孩子，父母都是从青春期走过来的人，对于恋爱有经验有教训，对子女来说这些发生在家长身上的事情都是真实可信的，而且她们一般也都愿意接受朋友的建议。家长朋友们不妨可以考虑试一下，以平等的态度对待孩子，可能会起到意想不到的效果。

4. 给女儿把关找对象

女儿上了大学，没家长在旁边唠叨了，又有那么多的帅小伙在眼前，总有点兴奋。作为家长应该可以理解孩子的环境和心情。再过一段时间女儿宿舍的姐妹都有“伴儿”了，不光女儿着急，连家长都急。家长给女儿打电话时总是催促快点找个对象，总是以农村的结婚年龄和观念约束孩子。这两方面无形中就影响了女儿对待恋爱、对待异性的态度。心里着急的时候，孩子连选择对象的标准都没有了。常常是只要有个小伙子对女儿表示好感，女儿就不会拒绝了。这么匆忙选择的对象家长怎么能放心？因此，家长朋友，首先你自己不要着急，刚上大学，孩子的心理还不成熟，还不具备完全的辨别能力，不妨等孩子真的长大后再说，以后女儿能接触到的好小伙子还多得是呢。另外，让女儿在找对象的时候睁大眼睛，不要被对方的外表迷惑了，知道对轻浮、不负责任的小伙子说“不”。

5. 不要催促儿子早结婚

儿子上了大学或出外打工后，农村的家长朋友们，更希望儿子能早点找个对象，家里经济状况不好的父母，总是担心自己的儿子以后找不到媳妇。村里打“光棍”的人越来越多了，有这种想法也很正常。其实，儿子在外面已经和在家里面不一样了，他们会接触到很多女孩子，而且他们更希望能和城里人一样，等有了足够的钱以后再找个好对象。如果您的孩子有这样的想法，相信孩子有这样的能力去实现他们的目标，支持他们，并且告诉儿子：有责任感的男人才是一个好儿子，您相信儿子的选择。

第二节　成功与成才

一、没考上大学就是不成功吗

福建宁德霞浦县城关王某，考试落榜，望女成凤心切的父母每天都对她又打又骂。王某不堪忍受，偷偷跑到三沙湾海域，跳进海中自杀。幸好有公安民警及时抢救才保住性命。

这样的悲剧每年中考、高考过后都屡见不鲜。那么，没考上大学孩子今后就不会有成功了吗？没考上大学就是孩子的错吗？我们作为父母是怎样想这个问题的？

有人把高考比作“独木桥”，因为每年通过高考考上大学的人很少。尽管这几年年年扩招，国家开始步入了高等教育大众化的时候，但仍只有15%多一点的同龄人能上大学。譬如，2005年全国参加高考的人有867万，全国各类高校招收大学生475万人，其中本科生有230万人。还有许多高中毕业生上不了大学，那么，没有考上大学，怎么办呢？我想，父母们也一直在想这个问题。

考上大学，并不意味着以后干什么事都会成功；一次没考上大学，也不代表以后就再没有机会上大学了，更不代表在其他方面也不会成功。前面有好多的例子都说明，干什么事都是可能取得成功的，只要孩子认真努力，发奋学习，刻苦钻研，我们应该相信以后他们一定会有出息的。

况且，从孩子本身来看，并不是每个孩子都是适合上大学的，有的孩子可能动手能力很强，更适合学技术。农村有句古话叫“一样米养百样人”，“一母生九子，九子各不同”，每个孩子都有自己的特点，父母不一定非得让孩子都当作家、当老师，孩子自己学技术、办工厂也是很好的出路。

因此，孩子没考上大学，不要完全怪孩子，更不要打骂孩子，要仔细地分析原因，看到底是孩子自己没努力，还是另有其他原因？譬如说，是不是父母没有给孩子提供好的条件，或者是孩子考试失误，没有考好？关键的一点是，父母要迅速帮助孩子从高考失利的痛苦中缓过劲来，认真分析原因，分析孩子已有的知识基础和能力，如果确实想上大学，还有机会；如果目前家庭条件不允许，或者孩子自己不愿意再复读了，父母要帮助孩子分析他喜爱和适合做什么，和孩子共同探讨他（她）今后怎么做更适合自己的发展。无论如何，都要让孩子对自己的未来充满信心，让他们认识到人生之路才开始，只要努力了，即使上不了大学也一样会有出息，一样会成功，命运最终是掌握在自己手中的。

二、考上大学不等于已经成才

2004 年 11 月 1 日，在南京大学的公告栏上有封“辛酸的父亲给大学儿子的信”。信的开头是这样的：“尽管你伤透了我的心，但你终究是我的儿子，虽然，自从你考上大学、成为我们家几代唯一的大学生后，心里已分不清咱俩谁是谁的儿子了。从背着行李陪你去大学报到，到挂蚊帐缝被子买饭菜票，甚至教你挤牙膏，这一切，在你看来是天经地义的，你甚至觉得你这个不争气的老爸给你这位争气的大学生儿子服务是特沾光、特荣耀的事”。信中还提到儿子大学第一学期，一共给父母亲写过三封信，加起来比一封电报长不了多少，还是为了要钱。信中诉说了妈妈下岗、爸爸工资微薄的困难之后，还说：“不知在大学里，你除了增加文化知识和社会阅历之后，还能否长一丁点善良的心?”

成才就是我们平时说的有出息，那么，到底什么才算有出息呢？很多父母拼命想把孩子往大学里送，认为那样才对得起自己、对得起祖宗。如果孩子没上大学就觉得丢脸，骂孩子没出息。那么，上了大学是不是就是成才了，有出息了呢？看看上面这个例子，我们对这位含辛茹苦把自己的儿子送上大学的父亲表示万分的敬佩，但我们也无不遗憾地对这位考上大学的儿子表示疑问：“一个不关心、不体谅父母的大学生会有出息吗？”另外，我们知道，世界上有个很有名的公司，叫“微软公司”，搞电脑技术开发的。它的创始人叫比尔·盖茨，他考上哈佛大学，但在上大学二年级的时候就退学了，他觉得他更适合与技术打交道，要抓住当时技术飞速发展的有利时机。现在，大家都知道，他成为了美国最富有的人。

每年考上大学的学生并不多，如果只有上大学才算出息的话，那试想中国 13 亿人口里面该有多少人“没出息”啊！我们从“上大学不等于进保险箱”这一段中也可以看到，大学并不是“成才”与“有出息”的代名词。前面还说过，上大学只能说明孩子取得了高考的成功，获得了上大学的机会，一次小小的成功并不代表一辈子的成功，更不代表成才。其实，每年都有一些大学生因为某些原因，不能顺利毕业或找到工作。相反，很多没上过大学的人却干出了一番大事业，成才了。

山东省阳信县就有一位高考落榜生商钢柱，今年已经 40 岁了，20 多年前他高考落榜，但是最后却自学成了当地的名医。刚开始，商钢柱也觉得对不起父母，天天都后悔。但是一次偶然的机会他去镇药材公司当了临时工，并借工作的机会学习，通过四年的不懈努力，拿到了两个“齐鲁中医函授大学”的结业证。但他不满足，又走进了“滨州卫生学校”参加进修，并于1995年6月毕业。1998年他辞去了“公职”，办理了各种手续，搞起了个体门诊。这些年他经手治过的疑难杂症有30多例，有效率达90%以上，治愈率达80%左右，很受镇里人的爱戴和尊重。

由此可见，成才并不就是上大学，成才的路有很多，对我们农村的孩子来说更是如此。虽然农村没有城市那么好的条件，但是农村的孩子肯吃苦，不怕累，只要自己努力，肯学肯钻研，即使上不了大学也一样可以有出息，一样做出自己的一番事业来。

第三节　男孩女孩都一样

在有些农村地区，在小孩出生的那一刻，人们关注更多的是男孩还是女孩。如果是个男孩，全家人欢天喜地，产妇也可以松一口气，从此可以挺起了胸膛做人了，在公婆那里也可以挺直腰板；一旦是个女孩，这个媳妇在家从此就没有了地位，处处受到丈夫、公婆的白眼，这是明显的重男轻女现象。可是在现实生活中，我们清清楚楚地看到：男人能做到的事情，女人也一定可以做到，而且，有可能做得更好。那么，为什么还会出现这种现象呢？我们认为，除了一些客观因素之外，主要还是因为在我们的农民父母朋友们心中，还有一些比较模糊的看法，一时还没有转过弯来。

一、生男生女一个样

一些农民朋友认为，随着孩子一步步长大，女孩的智力和能力会越来越低于男孩。比如考大学、做科学家，一切伟大的成就好像都是男孩的事，女孩只要做好家务活，将来带好孩子就可以了。一句话，就是男孩要比女孩聪明，儿子比女儿更有出息。

其实，这是一种不正确的观念，男孩与女孩无论在智力水平上，还是在今后的事业与成就方面，男孩与女孩没有实质性区别的。那么，为什么这样说呢？

首先，科学研究表明，女孩与男孩的智力水平总体上是一样的，但男孩与女孩分别又具有一些各自的性别优势。比方说，男孩子在体力上、逻辑思维等方面要比女孩强些，而女孩记忆力、注意力、形象思维、语言表达、情感表达等方面要比男孩子强些。所以，在社会中，像文员、秘书等需要细致、耐心、情感交流丰富等方面的工作，女孩相对来说就更具有优势；而在一些需要体力、探险、高空作业等工作方面，男孩相对来说要更有优势些。

其次，儿女有无出息，不在性别，而在于儿女是否确实有真才实学。举个例子来说，一个打工仔不会仅仅因为自己是男孩，就会觉得比那些考取大学的女孩有出息。同样，我们国家也有很多女性在事业上成功的例子。比如奥运冠军唐功红，大家一定不会忘记这个普普通通的农村妇女，她为中国夺下举重冠军金牌的情景我们将永远铭记，像她这样的女能人，在其他各行各业中还有很多。

第三，通过后天的教育和孩子自身的努力，不论男孩女孩，往往都能达到大家所想象的成就。孩子成才，还是不成才，有出息还是没有出息，不是靠生男还是生女孩来决定的，各行各业中大有作为的女性大有人在，农村中也有很多能姑娘、巧媳妇、专业户、企业家，等等。

胡秀英出生于江苏省徐州市一个地势低洼的小村子，她小学毕业后通过努力考上了中学，后来又以优异的成绩考上了金陵女子大学，大学毕业后的她也未放弃学习，也正是这种不懈努力的精神，使她获得了哈佛大学奖学金，从而得以出国深造。经过三十多年的冬青科植物研究，她在这一领域取得丰硕的成果。

再说，如果我们父母朋友们从孩子出生那一刻起，就想当然地认为，怎么是个没出息的女孩，从而在孩子成长的过程中，一直抱着这种观念和态度来对待和教育孩子，这样下去，等孩子长大以后，她就会真的像您所想象的那样没出息了。许多事实都说明，父母认为孩子是一个什么样的人，他（她）就会是一个什么样的人。

所以，生男生女一个样，广大农村中依然存在的宁要“武大郎”，不要“穆桂英”的想法，是完全错误的。而在一些地方所出现的淹死女婴的做法，就不仅仅是错误了，而是已经违反了国家的法律，是要承担法律责任的。女孩并不一定比男孩差，何况，通过教育和自身的努力，任何一个女孩都会变成“穆桂英”、“花木兰”的，女儿一样有大出息。

二、养儿防老，养女也防老

“养儿防老”是农村中非常朴素的思想。许多农村家庭并不富有，再加上“嫁出去的女，泼出去的水”传统观念，以及农村没有养老保险制度，“养儿防老”一度成为几乎所有农村父母的想法。是否真的只有养儿才能防老呢？进一步说，养儿就一定能养老吗？

1. “黑心儿”娶了老婆忘了娘，可悲可叹

安徽省某个农村的王二根夫妇生有两个儿子，夫妇俩含辛茹苦地把两个儿子抚养成人，并且为两个儿子买了房子，娶了媳妇。这之后，夫妇俩认为自己和两个儿子都能过上幸福的日子，可以彻底地松一口气了。

不幸的是，一次车祸夺去了王二根的生命，王大妈因为伤痛欲绝而生了场大病，在医院治疗期间花去了巨额医药费。王大妈找到两个儿子，认为儿子们应当帮她支付医药费，哪知道两个儿子居然都不愿意分担这笔医药费。无奈之下，王大妈只好将祖屋卖了。

王大妈为此非常伤心，她觉得自己含辛茹苦将两个儿子养大，可是儿子居然昧着良心这样对待她，不顾父母的死活。王大妈怎么也想不到结果会是这样，她觉得在农村养儿防老是一件非常自然的事，从来没有产生过疑虑，可是这次，王大妈真的疑惑了。

现实中像王大妈所遇到的这样困惑还大有人在，养儿

是不是能防老，关键要看儿子是不是从内心里孝敬父母。

2.“贴心女”出国不忘老父亲，可敬可赞

王大妈听说林老头的女儿非常孝顺，心想“为什么自己的两个儿子却不顾自己的死活呢?”王大妈找到了村里的林老头，把自己的伤心事和林老头说了。

林老头也是一个曾经倒过运的人。林老头的女儿小红出生那年，林老头的妻子难产，小红是出生了，林老头的妻子却由于大出血而死亡。是林老头一个人把小红抚养大，供她读书。这些年来林老头把自己的所有积蓄都花在小红身上，村里的乡亲因此都说林老头傻，认为女儿迟早是别人的，花在女儿身上的钱这不等于都白扔了吗?“嫁出去的女儿，泼出去的水”啊！后来小红考上了大学，过了几年得以出国深造了。小红的行为让村里面乡亲觉得更不可理解了，女儿好不容易毕业了还不赶快找份安稳的工作，出国万一不回来了林老头一个人怎么办啊。

林老头就不这么看，他对王大妈说：“女儿多好啊。小红和女婿经常回来看我，有好几次听说我生病了特地坐飞机回来照顾我，每次小红回来我都和她说让她好好学习，让她别回来，可是人在病床了，心里就只想着女儿，只想看着她，想着想着就来了，还是女儿懂事啊。”

女儿确实是要嫁出去的，但是嫁出去了不代表就不管不顾父母了，一个女婿半个儿，贴心的女儿也常常伴随左右，老人怎能不开心呢！

以上事实说明，养儿防老，还是养女防老，都不是天生就注定的，重要的是孩子是否孝顺，父母是否从小培养了儿女孝敬父母的良好品质。而要做到这一点，又在于我们的父母朋友们是否从小教育好孩子，把孩子培养成为一个正直、善良、孝顺的人。做到了这一点，无论是生男，还是生女，都是可以防老的。

三、子女孝顺第一位

上面说过，无论养儿养女，只有孝顺的儿女，才会很好地照顾父母。是“养儿防老”还是“养女防老”都不是关键问题，关键的是如何才能更好地教育自己的子女，怎样才能培养孩子的爱心，让孩子懂得做人的道理。只有这样，无论是男孩是女孩，将来都会照顾好父母。相反，一个不懂事甚至内心扭曲的儿女，是不会照顾父母的。

湖北省武汉市郊区有一对夫妇，生有一男二女，两口子对儿子偏爱有加，却不喜欢两个女儿。后来孩子都成家立业了，老两口也退休了，每月的退休金省着花，时不时接济儿女，希望他们能常来陪陪自己。起初，儿女们都还来，有时还带点水果。

好景不长，老父亲去世了，没留下多少遗产，只留下身患重病的母亲。眼看着回家也无利可图了，大儿子回家的次数越来越少了，两个女儿却还常回家看看。母亲的病日趋加重，小女儿干脆搬来与母亲一起住。有时老人大小便失禁，小女儿扶她上厕所，帮她换裤子，洗床单。家里没钱，负担不起高额的医药费，女儿就往书店跑，自己看书，分析病情，合理搭配饮食，适当用药，与老人散步、谈心。在女儿精心照料下，老人一天比一天有精神了，医生说，“一个只有等死的人，从鬼门关拉了回来，这真是一个奇迹”；邻居见了老人说，“幸亏您养了这样一个好姑娘，要不然您哪能活到今天呀！”

当然，随着我国有些农村地区逐渐富裕起来，儿女对老人精神上的关怀越来越重视，即使是一些还相对贫困的地区，儿女也逐渐重视从精神上来关怀父母。

在精神关怀方面，懂事的女儿一般比儿子做得好。女儿会在父母孤单寂寞的时候和父母聊聊天，在父母不开心的时候陪父母逗逗乐，生日陪在父母的身边，大年三十晚上一般也会和父母一块吃年夜饭，女儿更能体会父母的心思。即使是嫁出去的女儿，也会常到娘家去看看。

相对来说，儿子在这方面有时不太注意，比如说，儿子一般不会轻易把自己的真情流露出来，他们的爱是深沉的，他们的情是无私的。当遇到事业与亲情冲突时，他们常常会舍弃后者，把事业放在首位，“舍小家，为大家”；也有的男孩子以为只要多给父母寄些钱就可以弥补亲情。这些都是必要的，但是，除了这些，父母还有其他需要，特别是，随着老人年龄越大，越需要子女给予他精神上的关怀，而对物质渐渐看淡。正因为如此，人们常说“女儿好比贴心的小棉袄”让父母心暖。

然而，尽管人们通常说，“鸦有反哺之义”，孝顺父母是儿女的应尽之责，但孩子长大后是否孝顺，主要还在于父母是否从小培养了孩子这方面的品质。据有个学校对全校 1 040 名学生做了关于孝敬父母的问卷调查，结果竟发现，学校 65% 的学生不能说出父母的生日，73% 的学生说不全祖父母的名字，而且很少有人为父母过生日。培养孩子的孝心，不仅需要父母首先为孩子做好榜样，而且，父母还应当从小有意识地去培养孩子，让孩子深刻地体味到父母的爱，而不是一味地从物质上满足孩子的需要。一个在物质需要上什么都可以满足的家庭中成长起来的孩子，很难希望他（她）长大后会体谅、孝敬父母的。

四、女孩也要读好书

在有些农村，正是因为我们有些农村父母朋友们，还存在着旧思想，所以，在孩子上学这一问题上，通常就是千方百计地要男孩多读书；女孩嘛，认为“念几年就可以了”，或者“认识几个字，会算数，等长大了找个婆家”就够了。有些地方的小学从一年级到六年级，越往上，女孩越少，到小学六年级，有的班级一个女孩都没有，到初中，女孩那就更少了。

“那天，村里来了个英语老师，她教我们说了第一句英语，‘We want to go to school’，这是我们第一次说英语，也是孩子们第一次用英语说出：‘我们要上学’。孩子们发自肺腑的呐喊，震撼了我们所有在座的老师。可是我们都知道，在整个村里的女孩子中，能够上学的不足四分之一。”

这是一位农村老师的手记，它让我们陷入了沉思中。很多农村家庭因为家境贫苦，在是否送孩子去上学的问题上，常常只送男孩，而让女孩在家帮忙干活。女孩生来就是要嫁出去的，大多数农村父母都这样想。正是这个错误思想，毁灭了多少农村女孩的成才道路，让她们一辈子在平平淡淡中度过。可是我们在现实生活中，不是有很多女老板、女作家、女科学家吗？她们之所以成为女强人，没有别的原因，只是因为她们从小就受到了很好的教育，没有教育，她们同样也会一事无成。

广大农村的朋友们，是不是也应该给女孩读书的机会呢？在观念上不应该再有“女孩读不读书无所谓”的旧思想了，只要有一线可能，应该送女孩去上学。既然为人父母，就有这个责任，让我们的孩子有着光明的前途，给她们机会。在现代社会里，女孩一样也要读好书。

第五章　留守儿童的教育

第一节　留守儿童的由来

一、外部起因

留守儿童最早被人提出是在20世纪90年代，但那时所指的留守儿童是有特定含义的，即专门指改革开放后被出国留学或工作的家长留在国内、托老人照顾的孩子，这一部分孩子可能是学术界确认的最早的“留守儿童”。后来，随着大量青壮年农村劳动力离开原住地到经济发达的沿海地区或城市寻找工作而将孩子留在户籍地，这样一个庞大的儿童群体，是不能与早先的留守儿童相比的。第一，能出国留学或工作的父母本身就拥有农村父母所不可比拟的优势，他们算得上是社会“精英”；第二，这部分人留下的孩子规模不足以撼动社会，没有引发社会焦虑；第三，早先的留守儿童基本上生活在城市，他们的生活和学习环境是优越的，能得到最基本的保障；第四，能出国留学或工作的父母本身就是孩子的楷模，能最大限度地激发孩子的斗志，使他们在同龄人中可能享有一定的优越性，尽管由于疏于管教，会出现这样那样成长中的问题，但一切尚在可承受范围内。反观现在所关注的“留守儿童”，虽然用的是同一个概念，但就其内涵来说，已经有了质的变化。

“留守儿童”这个词与“农村”相联系时，与20世纪80年代及以后涌动于中国大地上的“民工潮”有关。“民工”是“农民工”的简称，是极富中国特色的一个称谓。应该说，第一批“民工潮”出现在20世纪80年代，是以乡镇企业为就业的目的的，体现的是“离土不离乡、进厂不进城”的特点，民工与家庭之间并没有出现明显的分离特点。第二次是1992年以邓小平南方谈话为契机，改革开放的力度加大，城市和沿海地区的迅猛发展为“民工潮”提供了机会，其标志是4 600万农民工进城务工，但此阶段的农民工只是短期离开家乡进城市务工。90年代中后期，伴随香港回归，港澳台制造业开始向广东大规模转移，廉价的劳动力、优质的基础设施和巨大的消费潜力也使中国沿海地区成为国际制造业转移的重点承接地，这些因素促使了第三次“民工潮”的出现，其规模总数达1.2亿之多。这种流动人口规模到了21世纪，更是保持着兴盛的趋势。这一次“民工潮”的特点是，他们不再是暂时居住城市，而是倾向于长期居住，居住的时间也在不断地延长，并且有举家迁移的倾向；“新生代农民工”几乎没有务农经历，对城市的认同超过了对农村的认同；离家多年不归，已成为一种普遍的现象。“民工潮”对农村、对城市的影响已有经济学者进行了探索。“民工潮”是中国现代化进程中的一个必然伴生物，它为中国农村打开了现代化的窗口，使一度封闭的农村人看到了现代化的文明，看到了与农村不一样的城市生活，也引发了他们通过到城市打工改变家族身份和代际命运的美好想象。市场经济机制的特点在于劳动力的自由流动，这种自由流动无疑给农村注入了许多新鲜的元素，使农村人更加清楚地看到了农村和城市的差异，他们汇回家乡的打工收入成为地方建设的主要财政支撑，为改变农村的贫穷面貌起到了一定作用，也为孩子持续接受教育提供了一定保障。作为教育研究者，我们关注的是不具备流动能力的、被民工们留在农村的孩子，也就是学术界所指称的“农村留守儿童”。

“留守儿童”的起因，从表面上看，似乎“民工潮”是因，“留守儿童”是果，是家长外出，放弃了照顾儿童的责任，使儿童孤独无依，仿佛这是每一个人都明白的事情，正如同我们在调研时发现的，外出的父母似乎成了“留守儿童”唯一的责任承担者。考察“留守儿童”这一现象，不能不和宏观的社会结构联系在一起。有专家认为“留守儿童”现象是我国城乡二元结构在社会转型时期的一个产物；城乡“二元结构”是产生“留守儿童”的体制性根源；是农村劳动力大规模流动与城乡壁垒存在矛盾等催生了“留守儿童”。可以说，学者们对于“留守儿童”的产生根源是有一定共识的，许多研究“三农”问题的专家们在研究农村问题的破解法时作了相当明朗的阐述，指出依附于体制保护的城乡二元结构是阻碍农村发展的根本性壁垒。同样，研究“民工潮”的学者们也指出，民工不能享受自己的劳动成果，不能在奉献的地方享受国民待遇，依然源于体制保护的城乡二元结构，由此而派生出一系列问题，如子女的随迁和教育问题等，只不过是这个“因”结出的众多“果”之一而已。

城乡二元结构的维系物就是户籍制度。在特殊的历史阶段，户籍制度起到了稳定社会的作用，前提是社会被分成一个个相对封闭的区域、彼此之间对流动性没有要求，也没有途径相互审视，自得其乐的享受农耕时代的有保障的物质上的贫困和精神上的闲情逸致，人们不会质疑户籍制度的合法性。与此同时，世界经济的高速发展和经济全球化趋势使得中国领航人开始思考“贫穷是不是社会主义”。行动源于思考，从制度设计到制度护航的改革开放，给人们创造了互相审视的机会。桃花源失去了宁静，曾经作为天然屏障的户籍制度反而成了阻隔沟通与融合的藩篱，在城乡之间竖着一道坚硬的厚墙。从现代化进程的角度来看，这是中国作为后发型国家进行现代化建设必须付出的代价，占全国绝大多数人口的农民及其后代注定就是这些代价的承担者。因此，中国现代化的进程就是在某些阶段有意无意地制造巨大的城乡差异，在一定时候再来考虑对农村和农民的补偿机制，中共“十七届三中全会”明确提出了发展农村、促进农村现代化的战略思考，这给留守儿童问题的解决提供了政策导向。

综上所述，留守儿童的外部起因有两方面：一方面是源于国家制度设计本身——以户籍制度为维系物的城乡二元结构；另一方面是中国现代化进程的内在驱力和世界经济一体化浪潮的外部推动，共同影响着中国农村人口结构和家庭结构的变化，即从总体上裂变为“流动人员”和“留守人员”两个特征鲜明、相互难以切割的群体，“流动”的是有生力量，“留守”的是需要获得支持和帮助的脆弱对象，而“留守儿童”则是“留守人员”当中最脆弱的一个群体。

二、内部起因

“包产到户责任制”标志着中国式改革的开端，这一始于农村的生产方式改革的确极大地激发了农村生产力，使以家庭为单位的生产细胞动能得到了极大的释放。但有个事实同样不容忽视，“包产到户责任制”也将大量的未成年人卷入其中。作为成长于改革年代的研究者本人，就亲身经历了这样的事实。分到家庭的“责任田地”成了全家人赖以生活的根本，几乎每个家庭成员都得参与，做力所能及的一切事情，尤其是每到抢农时的关键时节，家庭的重心很难顾及到儿童的正常学习需要，儿童必须帮助家庭从事大量的家务活动及干农活，文中的调查也充分证明了这一点。以高强度、密集型劳动力换得的农村优势并没有维持多久，经济特区的建设和城市改革的推行很快吸引了人们的视线。相比农村繁重的农活、高成本投入和低产出及低收益，城市相对单纯的工资性收入成了农村有生力量的当然选择。有生力量远走他乡，打破了家庭的平衡结构，出现了夫妻、亲子分离的普遍现象。

在这样一种农村生态中，家庭教育功能失范容易成为批评的对象。客观地来看农村家庭教育，的确有其局限性。农村家长因其教育程度和学识有限，对孩子接受教育的重要性难以认识到位；家庭责任承包所需的劳力也迫使他们在儿童正常学习和劳力支持方面难以两全；“民工潮”更是促使农村有生力量外流，家庭教育也日益窘困。农村家庭教育缺失不是因为“民工潮”才出现的，而是一直存在的，只不过是“民工潮”放大了留守儿童家庭教育缺失的问题。

因此，就留守儿童来说，家庭教育缺失在一定程度上恶化了留守儿童的教育问题，使其成为产生这一问题的内部因素。但就前面的分析而言，我们需要理性地对待这一问题。

第二节　留守儿童家庭教育常见问题

调查发现，“留守儿童”家庭教育存在以下问题。

1. 家庭教育内容片面

农村“留守儿童”家庭教育内容的片面化是不容忽视的。我们以留守幼儿的家庭教育为例说明这一问题。首先，农村“留守幼儿”家庭教育基本没有绘画、儿歌、手工等开发智力、提高素质的内容，只有极少的老人教孙辈绘画和手工、念儿歌，其他老人则是“自己不教，因为自己也不会”。而在讲故事方面，大多农村老人给“留守幼儿”讲过故事，而所选择的故事类型较单调，主要是民间故事、寓言故事，是老人们自己知道的故事，很少有农村老人能借助如今的儿童读物给幼儿讲故事，因为“家里基本没有这种书”“自己也不会讲”。有些老人很少给“留守幼儿”讲故事，主要是“家里、地里的活太多”。在调查中发现，基本上没有农村老人教“留守幼儿”舞蹈，因为他们“自己也不会”。其次，这种片面化还体现在缺乏良好生活习惯和学习习惯的培养。调查发现，虽然大多留守儿童具备较强的生活自理能力，但农村“留守幼儿”家庭普遍缺乏良好生活习惯的培养，农村“留守幼儿”普遍存在饭前不洗手，直接用手抓饭菜、乱喝生水等不良习惯。此外，很多老人由于溺爱孩子，很少对孩子提出要求，很多农村“留守幼儿”没能掌握必要的礼仪规矩，不懂得尊重长辈。留守幼儿家庭教育很少关注良好学习习惯的养成，如按时作息、做好功课再玩耍、做事有条理等习惯。另外，留守儿童家庭教育较少注重孩子的德行操守教育，也较少对孩子进行安全教育，特别是自我保护方面的教育。

2. 家庭教育观念陈旧和功利

在儿童发展观上，很多老人强调“树大自直”的观点，认为长大了自然会好。在家庭养育观上，只看重养儿的“防老”作用，表现为“为个人、为家庭”型的家庭养育观，或者带有很强的功利性，很多留守儿童的抚养者只是为了向孩子的父母“交差”。在家庭教子观上，相当一部分抚养者倾向于推卸自己的教育责任，认为教育孩子是学校及其父母的职责和任务，往往重养轻教，不愿意承担教育的责任。

3. 家庭教育方法陈旧

大多数留守儿童的家庭教育方法比较生硬、僵化，不太考虑孩子的心理需要，很少注意培养孩子的兴趣，启发孩子的思维。

4. 亲子教育缺失

由于各种因素的制约，留守儿童远离了父母的关爱和教育，与父母的长期分离造成了亲子教育的长期缺乏，影响了留守儿童对父母的信任与依恋，甚至造成对父母的误解、冷漠、怨恨。我们调查的留守孩子中，约有三分之一者平时与父母基本没有联系，只能在过年时见一面；有一半以上留守儿童的父母对自己孩子的学习情况和在学校的表现不了解；只有不到四分之一的留守儿童经常与父母打电话通信或者写信。

给留守儿童父母的八条建议

为人父母，应时刻牢记“养不教，父之过”的古训。抚育子女，是义务，是责任。抚育不仅是物质条件的保证，更是爱的倾注，是心灵的抚慰，是精神上的勉励和鞭策，是行为上的敦促和示范。留守孩子的父母们，请您记住下面八条建议：

1. 孩子成长的关键期（敏感期）特别需要您的陪伴

2 岁以前，是儿童“依恋”形成和发展的关键阶段，如果母亲在孩子 2 岁以前长期离开孩子，会造成孩子情感上极大的痛苦。5 个月左右开始，如果抚养者有足够的亲切、和蔼、能满足孩子引人注意的要求，母亲可以短暂地被替代，但是，绝对的母婴分离肯定对孩子有不利影响。孩子到 2 岁左右，随着语言的迅速发展，儿童能较好地理解父母的目标，理解影响父母离开和出现的因素，因分离而产生的焦虑逐渐下降，如果有合适的替代者，母亲可以考虑较长时间的离开和外出，但不是长年累月地不和孩子见面或交谈。

孩子入学的第一年，是学习习惯形成的关键期，父母最好能陪伴孩子完成从家庭和幼儿园（以游戏为主）到学校生活（必须完成一定的学习任务）的转换。

小学四年级和初中二年级是孩子思维发展和品德发展的关键期，抓住这两个阶段，设法让孩子勤观察、多提问、多思考，会使其更加聪明；父母要特别注意孩子的思想动向，尤其要为孩子树立良好的榜样。

初中阶段刚好处于孩子的青春期，又叫做“心理断乳期”“逆反期”，这一阶段的孩子处于多事之秋，发展心理学和犯罪心理学都有“危险的十三岁”的说法，要特别引起父母的重视。

2. 慎重选择孩子的托管人

孩子是父母的希望，再也没有比教育孩子更重要的事情了。父母外出一定要选择值得信赖的、具备管好孩子的能力和有责任心的托管人。很多父母外出时孩子托管人选择不当，造成孩子受到伤害或者产生了心理行为问题，修补起来非常困难，此时就悔之晚矣。

3. 尽可能地多与孩子沟通感情

其实父母外出，并不意味着放弃了亲子教育。要尽可能地多和孩子沟通交流，哪怕是信中的几句牵挂抚慰、人生感悟，电话中的几声深情呼唤，或者是捎人带一张便条，都能给孩子慰藉和动力。

4. 向孩子展现您积极向上的一面

父母能给予孩子最重要的莫过于积极进取的人生态度。向孩子展现您积极向上的一面，与孩子分享您走出困境的勇气和乐观的态度，向孩子展示外面世界的精彩和您对美好未来的期待，这些不仅让孩子理解您、亲近您，而且对于孩子建立积极的心态和进取的精神也非常重要。

5. 保持与孩子托管人的联系

要经常保持与托管人的联系，过问孩子的生活和学习情况，掌握孩子的心理动态。这不仅是了解孩子，还可以提醒托管人或者与托管人商讨教养孩子的方法，也让孩子感受到您对他的深情和关注。

6. 保持与孩子老师的联系

孩子上学后，老师对孩子的影响很大，老师也对孩子最了解，老师在孩子心目中的地位很高。要经常和老师联系，了解孩子的学习情况和思想动态，可以请求老师对留守孩子给予更多的关注，也可以向老师介绍孩子的特点，以便于老师因材施教。

7. 对孩子的爱要有原则

孩子需要的是感情的关怀和人生的指导，需要的是敦促和勉励，不能用随便多给零花钱、满足不合理的要求来补偿对孩子的爱。这样导致的是要求的放松和原则的失效，导致的是孩子的娇惯、任性及孩子的挥霍、攀比、沉迷于玩乐和不思进取。

8. 用你的经历激励孩子好学上进

父母是孩子最重要的榜样。你不一定要事业上非常成功，你可以用你的经历，哪怕是失败的经历激励孩子积极进取。你的人生体验、感悟、反思和期待，可以成为孩子好学上进的精神食粮。

第六章　流动儿童教育

第一节　流动儿童的定义及家庭背景

流动儿童是指 6 ~ 14 周岁（或 7 ~ 15 周岁），随父母或其他监护人在流入地暂时居住半年以上、有学习能力的少年儿童。在北京指的是 7 ~ 15 周岁的未成年人。

1. 流动人口子女的家庭居住环境

由于经济条件限制，流动人口能够在当地买房的是凤毛麟角，绝大多数流动人口采取租房居住。甚至通常几个外来工友家庭合租一套民房，“巴掌宽的地方吃、喝、拉、撒、睡全在一起”。就居住的大环境看，流动人口一般住在城乡结合部，人员混杂，治安较差，一般是刑事案件的高发地带。孩子在社区内缺乏必要的活动场所，在鱼目混珠的环境中极其容易沾染不良习气。

2. 流动人口子女父母的文化程度

流动人口本人或配偶处于小学文化水平的比例最高，整体文化水平偏低，父母的受教育程度直接决定在家庭中父母对孩子的学业指导和帮助程度，间接影响孩子的入学机会和学业成就。

3. 流动人口子女父母的职业地位

从调查的流动人口的职业分布来看，他们大多从事技术含量较低的体力劳动或知识成分较低的商业活动，多为当地人不愿干的脏、累、重的工作，职业的社会地位相对较低。

研究发现，父母职业地位越高，子女越有可能获得较好的教育，也越有机会获得向上流动的机会。流动人口从事的工作，只是作为一种谋生的手段，除了在经济上给下一代提供一定的条件，在其他方面对孩子的帮助是微乎其微。

4. 流动人口子女父母的经济收入

经济收入是和职业地位紧密相关的一个变量。家庭经济收入的多寡往往决定整个家庭的生活质量高低。流动人口家庭的经济收入普遍低下，一般消费结构比较单一，绝大部分收入作为消费食品使用。尽管流动人口家庭一再节衣缩食，削减各项开支，很多家庭还是难以承受生活需求的各项消费，这就决定了对孩子的教育费用的投入上要大打折扣，而不像城市居民将教育消费作为家庭的重要开支。

第二节　流动儿童家庭教育的重点

一、红绿交通灯，安全放第一

刚刚从农村来到城里的孩子，父母要特别注意他们的安全。因为城里和农村的环境相差很大，面对城里车来车往的马路，首先要教会孩子的就是怎样过马路。孩子很小的时候父母要送孩子去上学，大一点就要教会孩子基本的交通常识，让孩子自己知道怎样过马路。父母在教孩子的时候不要简单地告诉他们“要小心呀”就完了，而是要告诉他们到底怎么过马路。首先要教会孩子简单实用的交通规则，比如“过马路左右看，要小心走斑马线，红灯停，绿灯行”，在有天桥和地下通道的地方，要走天桥和地下通道而不要横穿马路，不要在公路和铁路边玩耍。其次，父母和孩子一起出门过马路时，不要牵着孩子的手，要训练他们自己过马路，但是要注意，孩子的位置要走在自己的前面，以便出现情况时及时制止。

最重要的是，父母要教育自己的孩子自觉遵守交通规则，虽然在我们国家还有许多人不遵守交通规则，父母可以给孩子讲讲美国人遵守交通规则的情况。美国的汽车很多，家家有汽车，甚至一家有几辆汽车，可是马路上从来不堵车，交通顺畅。行人过马路遇到红灯的时候，即使马路上一辆车也没有，他们也都规规矩矩地站着，安静地等待绿灯。因为大家都明白，如果不遵守交通规则，自己的生命就会有危险，这也是父母教育孩子的时候要特别强调的一点。当然，作为父母自己首先要为孩子做好榜样，带头遵守规则，否则，孩子可能就以父母为榜样而学会了硬闯红灯了。

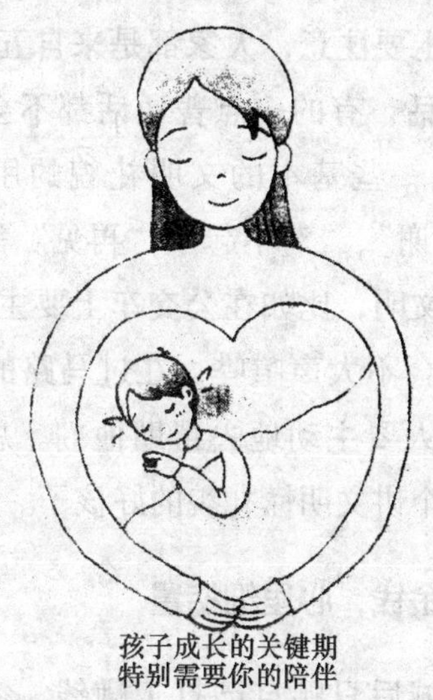

孩子成长的关键期
特别需要你的陪伴

二、文明加礼仪，生活太需要

一些随父母进城的孩子最终是要留在城市的，很难再回到农村。对于他们来说，农村的一些不好的生活习惯在城里是必须要改掉的，他们要具备作为城市市民的一些基本的素质，才会不被这个城市所淘汰。譬如，在农村没有马路，不太讲究吐痰的地方，但在城市是非常讲究的，不能随地吐痰。作为父母首先教育子女成为一个讲卫生的孩子。虽然在穿着上我们的孩子没有城里的孩子穿的好，但不管穿什么样的衣服，都应该是整洁干净的，不要给人一种“邋遢”的感觉，还要经常洗澡，勤剪指甲，勤洗头，早晚刷牙，饭前便后要洗手，总之看上去要给人一种干干净净的感觉。

除了讲卫生方面，还要教育孩子要有基本的文明礼貌。

首先在文明用语上要注意，大家都是来自五湖四海的朋友，在家说惯了家乡话，有的一点普通话都不会说。但尽管如此还是要学习说一些基本的文明礼貌的用语，比如“您好”、“请”、“谢谢”、“对不起”、“再见”等。另外在具体的行为上要做到文明，比如在公交车上要主动给老人让座，在人多的公众场合不大声喧哗，在过马路的时候碰到需要帮助的老人或盲人要主动地去帮助他们。总之，要把自己的孩子教育成一个讲文明懂礼貌的好孩子。

三、时间与金钱，心里细掂量

一些父母进城后只顾自己打工赚钱，忽略了孩子，以为把孩子交给学校后一切都不用再管了，而实际上这种想法是不对的。如果父母长时间地不与孩子交流，不知道他们想要什么，就会使得自己和孩子的关系越来越疏远，到最后双方都没有办法再交流，甚至会发生孩子离家出走的事情。

2004 年 10 月 29 日晚上气温非常低，而且下了半宿的秋雨，天气越发凄冷。然而北京市大兴区的一个外来打工者却无法入眠，他开着平时运菜用的车子，沿着他家旁边的铁路线焦急地寻找着什么……原来他 15 岁的大女儿——慧萍傍晚的时候和母亲发生争执，被母亲打了一巴掌后离家出走，已经一夜没有音信了……可是他没有找到女儿，度过了一个焦急而揪心的夜晚。在这个寒冷的夜晚，慧萍一个人在大桥下宿了一夜，用她的话讲：“长这么大从没感受过这样的冷……”而且，不断有不怀好意的出租车司机让她上车，有幸的是，都被这个机警的女孩躲过去了。造成慧萍离家出走的直接原因就是母亲对她买的一件衣服看不顺眼，骂了她，并打了她一巴掌。而在慧萍的爸爸看来，在金钱上好好满足她就是爱她；当她做错事的时候，管教一下就是关心她。这“金钱”加“管教”的方法怎么能让一个孩子觉得温暖、觉得被爱呢？他们都没有意识到孩子渴望的是父母真正的关心和爱护。用慧萍的话说：“我爸我妈过这样的生活有什么意思？他们半夜出发，下午回来，我很少见到他们，更别提说话了！我将来最大的愿望就是不要赚很多钱，而要爱身边的朋友和亲人！”

这样的例子不只在慧萍的身上发生，在她同学中很多人和父母的关系都不太好，也有许多同学有过离家出走的想法。就在慧萍第二天一大早想投奔到附近一个同学家时，没想到的是这个女孩也不在家，她的妈妈告诉慧萍：“她昨晚十点被爸爸打了一顿，然后就跑出去了，一夜没回来，她爸爸现在还在外面找她……”

对于这些孩子来说，他们需要的不是物质上的享受，而是爸爸妈妈的关心。所以作为父母的，不管有多忙都应该抽出时间陪陪孩子，而不是只给他们钱就可以了。同时，在给孩子零花钱方面也要注意，不能给孩子太多的零花钱，以免他们用这些钱进网吧打游戏。当然有些父母实在抽不出时间的话，也可以让孩子放学或周末的时候，帮着自己做一些力所能及的事情，比如帮着算账、卖东西等，在这样的过程中父母可以有意识与孩子交流沟通，聊聊孩子在学校发生的一些事，问问孩子在学习上有没有什么困难，这样自然而然地就加强了与孩子的关系。同时孩子在这样的过程中也可以学到一些基本的生活小常识，并能体会到父母赚钱的辛苦，所以才会更加的体谅父母。

四、孩子伴身边，诚信走天下

教会孩子做人是每一个父母应该做的，特别对于进城打工的父母来说，首先要做的就是教孩子做一个诚实守信的人，这样才能在城里立足，才能真正适应城里的生活，有了这个品质以后才能取得成功。而只有一个诚实守信的父母才能教育自己的子女也做到这一点，所以在生活中父母要为孩子做好榜样，通过生活的小事教会孩子怎样做人，也许从下面的两个例子中父母们可以找到自己的影子，也可以学到到底怎样做才能教好自己的孩子。

事例一：十五岁的女孩云云为生活所迫，不得不靠卖鱼养家。有一次，一位外国人来买她的鱼，给了她一百元钱，她就对那位外国人说："我不要一百元钱。一条鱼，用不着那么多钱。"她的真诚感动了这位买鱼的外国人，但她坚决不接受买鱼人对她的感谢。可是，谁知道，她用来赚钱的鱼，却是她自己半夜在渔场偷来的呢？其实这个女孩这样做也是迫不得已的，是受了父母的影响，她的父亲是个游手好闲的人，没事便去赌钱，母亲也为生活所迫，经常做些小偷小摸的事。她想学好，但现实逼着她不得不去渔场偷鱼。

事例二：一个打工子弟学校的学生在作文中讲述了这样一个故事："有一次，晚上我上床时没想到用力过度，一脚把床板下面的横梁踩断了。我心想：'呀！闯祸了！会挨骂的。'木头的断裂声惊动了爸爸，爸爸赶来一看，横梁被我踩断了，床板不平，不能睡觉，爸爸四处找木头。听说爸爸工作单位运进一批木材，弟弟劝爸爸拿两根来，爸爸坚持不拿。最后在家里的床底下，翻出根旧木头，把断了的横梁接上、顶住，这样做并不稳当，一不小心垫在下面的木头又会掉下来。"

通过上面两个例子可以看出，只有诚实的父母才能教出诚实的孩子，要想让自己的孩子学好，父母首先要做到才能去教育孩子。

第七章　农村子女教育误区

农村父母，热切期望孩子有出息，是十分令人理解的。可是，动机是动机，效果是效果。有相当多的家长，不从孩子的心理特点和需要出发，不研究教育的方法和实效，一切从自己的好心出发，觉得反正自己是出于一片好心，是对孩子好，不管怎么说孩子总该理解父母的心，可是结果却让父母伤心：好心带来负效应，家长闹心，孩子也闹心，矛盾难解难分。这就十分有必要对这类“好心”进行科学的分析。

一、错误做法一：教育孩子全凭一片“好心”

中央电视台少儿栏目在2006年4月初播出一期节目，一位母亲特别爱自己的女儿，不仅在吃穿住行方面关怀备至，在孩子学习上也操尽了心。然而，女儿却做出了让她伤透心的举动，调到离家很远的不太好的学校读高中，目的就是离开母亲。她生气时曾发誓这辈子不想再见到母亲。原因是她最受不了母亲不停地唠叨、责备，说她这也不行那也不行，还偷看她的日记。这位母亲由于种种原因没有实现自己的大学梦，便把希望寄托在女儿身上，对女儿盯得紧，管得严。母亲的好心愈得不到理解，便愈伤心，愈生气，愈觉得孩子不懂事，这样下去前途算完了，越发焦急恼怒。两人僵持了几个月，在中央电视台主持人和心理专家的沟通下，母女俩泪流满面，抱在一起，两颗心终于贴在一起。母亲感慨地说，“以前自己教育孩子，全凭一片好心，觉得不论怎么样孩子也应理解当妈的心。我这么爱你，你不听话，多伤妈的心啊！现在我才明白，教育孩子不能全凭一片好心，还得学方法，讲效果，还得理解孩子的心。”

这个节目在现场来宾中引起强烈反响，有几个发言的父母也说自己像那位母亲一样，教育孩子往往不是从孩子实际出发，而是从自己的爱心出发，感情用事；往往不注重效果，不检讨自己，而是以好心为自己找安慰的理由；往往不去研究理解孩子的心，而是让孩子的心绝对服从自己的心。这样肯定会出现伤心、气愤、冷战、僵局以及孩子逆反心理等恶性循环，发展下去很容易出事。

这个事例是有代表性的。来宾们的感慨也是很启发人的。教育孩子是一门科学，仅凭浓厚的爱心是不够的，仅凭良好的动机也是不成的，必须通过适当的表达方式和管用的方法，才能奏效。但是表达方式有问题，方法让人难以接受，孩子就理解不了那颗爱心，就会以反抗心理相对待，形成复杂的矛盾链，演化出各种各样不该发生的事。

孩子是一本书，莫以为孩子是自己生的，就最懂孩子。孩子的心灵世界是很复杂的，是环境、社会、学校、家庭和个人的综合反映。特别到了青春期（心理学家又称为心理断乳期、反抗期），会有一些莫名其妙的举动和剧烈的情绪波动。父母有时对孩子看不懂，是因为孩子长大了，社会发展太快了，自己落后了。因此，必须与时俱进，善于学习，跟上孩子心理发展的脉搏。如果仍用落后的、传统的观念去教育孩子，让孩子听话，强迫孩子服从，就可能在客观上害了孩子，耽误孩子，将来被孩子埋怨。因父母“好心”地失误，耽误孩子一辈子的事太多了。

孩子无法选择父母，也无法责怪父母，理智的父母要经常提醒自己：千万不能好心办坏事。即便家长的好心是完全正确的，也没有权利以随心所欲的方式、方法，生硬地对待孩子。教育孩子不仅凭好心，还应讲究方法，注重效果，这才是真正的好父母。我们丝毫没有否定好心、爱心的意思。爱是教育孩子的基础，也是父母与子女最神奇的纽带。我们只是提醒父母，要把好的动机与好的效果统一起来，以科学的态度对待家教，更多地站在孩子的角度想问题，更多地理解孩子的心。

二、错误做法二：孩子“不打不成才”

一位心理学家在调查研究中发现，被调查者中没打过孩子的是少数！家长打孩子，不认为是多大事，而认为孩子能够理解，因为这是父母出于对孩子的爱，是对孩子未来的关心和负责。奇怪的是，家长们多数都认为打孩子不对，但是到时候还是要打。在他们的潜意识里，“打是亲骂是爱”、“不打不成才”、“棍棒底下出孝子”是值得信奉的古训。

北京郊区有一位母亲，因儿子没完成作业，就用棍子打儿子。儿子经常挨打，抗拒心理非常强，怎么打也不服软，咬紧牙关不求饶，母亲气得失去理智，你不求饶我就打到底，结果孩子被打得肾衰竭致死，母亲锒铛入狱。母亲在狱中整天以泪洗面，记者问她为什么这样残忍地打儿子，她说，因为我太爱他了，恨铁不成钢，打是为他成才，哪想到当妈的竟把心爱的儿子给打死了……我还怎么活在世上？

浙江省金华市第四中学高二学生徐力杀母事件，也很说明问题。徐力的母亲爱子心切，望子成龙。徐力学习成绩不理想，她就大骂，考试未进前 10 名就痛打一顿，从小学打到高二，母亲要求他考上北大、清华，最低也要考上浙江大学。徐力心理压力过大，与母亲已达到敌对状态。在一次因学习问题的争执中，徐力控制不住激动情绪，不再甘受打骂了，顺手操起铁榔头朝母亲砸去，造成其母当场死亡。真是可怜天下父母心。

这位母亲不仅葬送了自己的生命，也毁了儿子的前程。

当然，这只是极端的例子。有的家长认为，打孩子只要会打，别打坏，还是管用的家教办法。农村中持有这种看法的家长还是很普遍的！这种观念是很可怕的。

打孩子的结果无非分两大类：打服的和没打服的。

打服的孩子从此惧怕家长，确实更老实更听话了。可是家长们是否想到，这对孩子心灵的打击和伤害有多大！有的孩子一考试就紧张，发挥失常，原因是担心考不好会挨打。有的孩子有心事不敢对父母说，内心十分痛苦，只能孤独地承受，患上抑郁症。父母不仅不帮助解脱，有时还雪上加霜，导致心理疾病更加严重，有的对家庭非常冷漠，与父母没有话，有的离家出走，有的发展为精神分裂症，有的自杀。多数孩子则表现为恐惧、胆小、百依百顺，缺乏独立性和创造性，没有棱角，没有锐气。这种人格特征适应不了市场竞争环境，缺乏自主性和竞争意识，很难有什么出息。

没打服的孩子，则走上另一个极端，即消极地反抗。有的与父母公开对着干：大吵大闹、大哭大叫，你说东，他偏向西；有的与父母“冷战”，表现出超常的沉默、冷漠；有的离家出走，与不良青年结为朋友，走向犯罪的道路。研究发现，这类孩子走上社会以后，往往脾气不好，自制力差，难于合作，很难成功；成家后，一般也崇尚家庭暴力，习惯于打老婆孩子，把家里搞得很不安宁，难有幸福可言。

我国著名的心理学家王极盛教授在多年的研究中得出结论：“严厉惩罚型的父母教养方式可能使孩子形成懦弱、适应性差、胆小怕事、退缩性的人格特征。”这种教养方式“另一个可能是使孩子形成粗暴、野蛮、残忍暴躁等个性心理特征”。看来，打孩子无论打服的还是没打服的，效果都不好，对孩子心理健康都有伤害。本来培养好的心理素质就不容易，如果随便地轻易地伤害它，就太可惜了，损失太大，代价太大。

调查发现，绝大多数家长都认为打孩子不对，打孩子之后又多半后悔，但为什么打孩子现象仍时有发生呢？细分析，有下述几个原因：

一是父母辛苦压力大，到了一定程度就要发泄出来，当孩子气人时，往往以激烈的方式发泄。

二是父母对孩子期望值很高，一旦孩子的行为与父母期望差距过大，就十分生气、冲动。

三是“恨铁不成钢”，认为孩子太不懂事，这样下去前途就完了，父母为孩子的未来产生担忧和恐惧心理。

四是认为道理讲过数次，仍不管用，只好来硬的，也算“先礼后兵”。

五是父母自制力不够强，气头上控制不住情绪，便以打骂的方式发泄出来。

六是受“棍棒底下出孝子”、“不打不成才”的传统观念影响，企望以打骂的手段将孩子雕琢成器。

七是缺乏法制观念，不懂得打孩子是违法行为。

八是自己小时候也经常挨打，祖祖辈辈左邻右舍都这样教育孩子，认为这是传统。

家长打孩子虽然各有原因，但共同点是觉得自己出于好心，为孩子负责才打孩子，孩子应该理解父母的心。这是打孩子最重要的思想根源。当我们了解了打孩子的害处之后，就要深深地反思：好心为什么非要通过打骂来表达？

为什么非要用这种手段体现？家长认为管用的效果，是否是好效果？这种好像简单省事的办法，站在孩子的角度可不简单。家长们不妨听一听孩子的诉说，真正把好心与好效果统一起来。习惯于打孩子的家长，应从上述八个方面认真解剖自己，从提高父母自身素质和家教能力的高度来解决问题。

三、错误做法三：对孩子期望过高

许多农村家长认为，自己这辈子怎么苦都认了，关键是把孩子培养好，叫他们跳出农门，过上幸福日子。而跳出农门的唯一出路是上大学，于是他们不断给孩子加压力，以为压力愈大孩子考上大学的可能性愈大。这些家长的一片好心是不可否认的，可这样做的效果如何呢？

（一）期望值过高，压力过大的后果

调查发现，期望值过高，压力过大，其效果会走向父母期望的反面，常见的问题是：

1. 易导致抑郁症，严重者可能走上绝路

孩子学习的吃力（学生负荷过重）、教师的压力、同学的压力、在校受到屈辱和欺负所产生的苦闷，父亲、母亲和其他亲属给予的压力，加起来大大超过孩子的承受能力。压力过大，最可怕的危险就是孩子患上抑郁症或自杀。

2003 年 7 月，中央电视台新闻调查栏目报道了甘肃省某县双城小学学生苗苗服毒自杀事件。令人震惊的是，苗苗之后多名同学服毒自杀！原因是孩子压力过大，长时间

抑郁，便以自杀求得解脱。许多家长只知道精神分裂症可怕，不知道抑郁症的可怕。其实，抑郁症这种心理疾病对孩子的伤害是相当大的。

湖南有一对父母，孩子在南开大学化学系毕业后，对化学失去兴趣，想考计算机专业。可是父亲不同意。孩子被迫考上了中科院化学专业。在读博士学位时，出国留学的女朋友劝他出国，他也很想出国，但父亲不同意，要他取得博士文凭再出国。这位博士是非常听话的孩子，又是追求完美的优秀学生，想把课题做好再出国。无奈，课题压力非常大，来自女朋友方面的压力也大，父母压力更大，心理承受不了，在父母进京看望他时，跳楼自杀了。父母老年丧子，至今还不明白压力怎么可以杀人！

令人担忧的是，当孩子没有发展到抑郁症、精神分裂症、自杀的严重地步时，家长们往往不警觉，还在一个劲地加压。可怜的孩子实在承受不住，觉得死了算了，免受父母的压力，也使他们不用再为自己操心。小孩子并不知道死有多么可怕，也不知道这样会给家庭带来怎样的灾难，轻率地就会做出自杀的举动。可以说，父母的心是好的——为孩子成才，孩子的心也是好的——免得父母这样操心。可是悲剧就这样发生了！

2. 只为“考分”而拼命，忽视自身素质的全面提高

我们现在的学校教育，基本是应试教育。考试分数成了衡量学生的唯一标准。分数高就是好学生，分数低就是“差生”。“分、分、分，学生的命根”，就是这种教育的生

动写照。许多家长对孩子期望值过高，压力过大，就表现为规定孩子考试必须达到多少分，排名应在前几名之内，就像徐力的母亲那样。这样一来，孩子就把考试分数、排名放在第一位，而忽视心理品质、体育、劳动等方面素质的提高，尤其是像性格、意志、习惯、创造性等非智力因素的培养和提高。有的孩子考试没考好，怕挨打受骂，或怕父母伤心，竟然作弊、谎报成绩，父母发现孩子竟然撒谎欺骗，又把这看成十分严重的问题，狠狠地“收拾”孩子一顿。殊不知，这正是父母给孩子压力过大的缘故。农村娃到社会上，真正起作用的是综合素质高低，而不是在校的考分。只会考试，只会解题，只能是考场的骄子，但到社会大课堂里就显得不行了，因为哪里都需要综合素质高，能力强，会办事，能创造价值的人。优者胜出，劣者被淘汰，一点儿都不客气。

3. 会把孩子变成学习机器，丧失主观能动性

父母对孩子期望过高，压力过大之后，孩子渐渐就把学习看成是替父母学，考出好成绩是为了对父母有个交代。本来学习是自己的事，却变成过教师关、家长关的苦差事。这样还会直接导致孩子厌学，降低学习兴趣。孩子丧失了属于他们自己本来应有的美好童年和快乐的少年时光，可是压力过大以后，孩子见老师是严厉的面孔，回到家又遭父母的唠叨和斥责，再怎么努力也难以达到父母期望时，孩子就本能地逃避，不想继续上学了。

（二）掌握压力贵在适度

全国劳动模范、大庆铁人王进喜有一句著名的话："井无压力不喷油，人无压力轻飘飘。"作为父母，为孩子的成长负责，给一定的压力是必要的。因为孩子毕竟是孩子，天生就贪玩，总有一些惰性，任由孩子自觉，放任自流，肯定是不行的。但是，这种压力应掌握一定的"度"，也就是分寸、火候，压力太小和过大都有碍孩子的成长。

掌握压力的度，应注意以下几点。

1. 培养目标定在综合素质提高上

既要给孩子订出学习的目标，也要订出心理素质、劳动、体育发展等综合素质的目标。心理素质主要是理想、毅力、性格、习惯、自信、勇气等，让孩子从小意识到这些素质的重要性，有意识地磨炼自己。这实际是孩子的内在动力，孩子的综合素质愈高，愈会努力学习，尤其到社会以后会应付和处理各种困难，容易脱颖而出，成为有出息的人。有些家长给孩子压力过大，只是集中在学习上。在综合素质方面几乎没给压力，或压力过小。应减少学习的压力，增加综合素质方面的压力，使压力保持平衡。

2. 给动力为主，给压力为辅

孩子要成为什么样的人？为什么要刻苦学习？为什么要克服不良习惯，养成良好习惯？为什么要不怕困难和失败，有意磨炼自己意志？为什么要有独立解决问题的能力？为什么要建立自信心，敢于竞争？……这些问题，都属于动力方面的根本问题，直接关系到孩子成长的方向和速度。家长要多和孩子讨论这些问题，给孩子买一些励志类和英雄、名人传记类的书，让孩子对比伟人、名人，加深对上述问题的领悟，在内心产生自己的追求。

以给动力为主，给压力为辅，是孩子很欢迎和很需要的方法。一味给压力，继而不停地唠叨和责备，是孩子最反感的，效果大都不好。

3. 把目标分解，让孩子实现一个个的小目标

1984 年，在东京国际马拉松邀请赛中，名不见经传的日本选手山田本一出人意料地夺冠。各国行家和记者都大为吃惊，该项目总是非洲和欧美人夺魁，矮个子日本人怎么会夺魁呢？不料，两年后，在意大利举行的国际马拉松邀请赛上，山田本一又一次夺冠。记者采访他，他还是和上次一样回答：凭智慧战胜对手。记者们仍大惑不解，认为他是故弄玄虚，马拉松是跑 40 多千米的项目，主要靠体力和耐力，怎么会是靠智慧取胜呢？

10 年后，这个谜底终于揭开了。山田本一在自传中说：每次比赛前，我都要乘车把比赛的线路看一遍，并把沿途比较醒目的标志画下来，比如第一个标志是银行；第二个标志是一棵大树；第三个标志是一座红房子……这样一直画到终点。比赛开始后，我就以百米速度向第一个目标冲去，等到达第一个目标后，我又以同样速度向第二个目标冲去。40 多千米的赛程，就被我分解成这么几个小目标轻松地跑完了。起初，我并不懂这样的道理，我把我的目标

定在40千米外终点线上的那面旗帜上，结果我跑到十几千米就疲惫不堪了，我被前面那段遥远的路给吓倒了。

山田本一的成功令人深受启发，不失为一种大智慧。把培养孩子的目标分解为一个个小目标，孩子不觉得高难遥远可怕。当孩子实现一个目标后就及时赞赏、夸奖，孩子就会更高兴、更来劲地奔向第二个目标，依此类推，当孩子实现了一个阶段的大目标后，他（她）自己都会感到吃惊：原本不敢想的目标竟然实现了，我真厉害！孩子的自信心也就逐渐增强了。

参考文献

[1] 李志革. 农民子女怎样教育才有出息. 北京：海洋出版社，2008

[2] 杜雯，高颖，杨明. 农民子女教育手册. 北京：中国农业大学出版社，2005

[3] 范方. 留守儿童家庭教育策略. 湖南：中南大学出版社，2008

[4] 谢妮，申健强，陈华聪. 农村留守儿童教育现状研究. 北京：经济科学出版社，2010

[5] 王权盛. 让父母远离困惑. 北京：当代世界出版社. 2000